Ellert & Richter Reiseführer

Lübeck und Travemünde

Konrad Dittrich

W0233758

Text und Bildlegenden: Konrad Dittrich, Lübeck
Kartengrundlage: Amt für Lübeck-Werbung und Tourismus, Lübeck
Karten in den Klappen: Amt für Lübeck-Werbung und Tourismus, Lübeck
Gestaltung: nach Entwürfen von Hartmut Brückner, Bremen
Lektorat: Brigitte Beier, Hamburg
Satz: KCS GmbH, Buchholz/Hamburg
Lithographie: Lithographische Werkstätten Kiel, Kiel
Druck: C. H. Wäser, Bad Segeberg
Bindung: S. R. Büge, Celle

Die Deutsche Bibliothek − CIP-Einheitsaufnahme
Dittrich, Konrad:
Lübeck und Travemünde/Konrad Dittrich. − Hamburg:
Ellert und Richter 1995
(Ellert-&-Richter-Reiseführer)
ISBN 3-89234-600-3
NE: HST

Titelabbildung: Schiffergesellschaft

Bildnachweis:
Amt für Lübeck-Werbung und Tourismus, Lübeck: S. 28/29, 61 o., 81 u.
Bildarchiv Preußischer Kulturbesitz, Berlin: S. 20
Photographische Gesellschaft Lübeck, Lübeck: S. 10, 17, 31
Museum für Kunst und Kulturgeschichte der Hansestadt Lübeck, Lübeck: S. 8/9, 20/21, 80
Prof. E. Opitz/R. Scheiblich, Universität der Bundeswehr Hamburg, Hamburg: S. 153 o.
Schiffergesellschaft, Lübeck: S. 73 o.
Tourist- und Kur-Information, Bad Segeberg: S. 161
Alle anderen Fotos: Archiv Konrad Dittrich, Lübeck

Liebe Leserinnen und Leser:
Alle Angaben in diesem Reiseführer sind mit Sorgfalt zusammengestellt worden, jedoch
ohne jegliche Gewähr.
Redaktionelle Angaben: Stand Februar 1995

Wenn Sie uns Ihren Eindruck mitteilen wollen oder Ergänzungs- und Berichtigungsvor-
schläge haben, schreiben Sie bitte an:
Ellert & Richter Verlag GmbH
Friedensallee 7−9, 22765 Hamburg

Inhalt

Einführung

Wer sich modernen Großstädten nähert, muß sich häufig erst durch Vororte und Trabantensiedlungen hindurchkämpfen, bevor er den alten Stadtkern mit der historischen Bausubstanz erreicht hat. In Lübeck ist das anders. Ob man mit dem Auto anreist oder mit der Bahn − die alte Hansestadt mit der unverwechselbaren Silhouette ihrer sieben „goldenen Türme" bietet sich unvermittelt dar. Auf der Straße von Kiel kommend, sieht man gleich hinter Bad Segeberg den Stadthügel mit seinen markanten Türmen aus dem flachen Land aufsteigen. Wer in den Hauptbahnhof einfährt − aus welcher Richtung auch immer −, erblickt zum Greifen nahe die Turmzonen von St. Marien, St. Petri und dem Dom. Das Holstentor gesellt sich hinzu, sobald man aus dem Bahnhof herausgetreten ist. Alles liegt so dicht beieinander, daß die Petrikirche sich zwischen die Rundtürme des einstigen Stadttores nach Westen schiebt.

„Königin der Hanse" hat man die Stadt zwischen Trave und Wakenitz, die nur 15 Kilometer von der Ostsee entfernt gelegen ist, jahrhundertelang genannt. Die gute alte Zeit, die oft auch eine wohlhabende Zeit war, hat ihre steinernen Zeugnisse hinterlassen. Auch den Geist der Solidität und der Beschaulichkeit meint man zwischen den engen Gassen noch auszumachen. Und dann die alten Bürgerhäuser mit ihren gotischen Giebeln und klassizistischen Fassaden, die prächtigen öffentlichen Gebäude von einst − Hospitäler, Klöster, Kirchen, das Rathaus −, die Höfe und Gänge, die von der Schokoladenseite weg quasi ins Hinterhofmilieu führen: Das alles hat Lübeck in modernen Zeiten zum beliebtesten Zielort von Städtetouren in Schleswig-Holstein werden lassen. Mehrere Millionen Tagesbesucher beweisen es Jahr für Jahr.

Vielleicht ist ein Grund für die Beliebtheit, daß in Lübeck alles so dicht beieinanderliegt. „Fußläufig" nennen das die Stadtplaner heutzutage. Die alten Lübecker haben natürlich nicht mit

Blick aufs 20. Jahrhundert alles so übersichtlich zusammenge-
rückt. Da sie ihre Stadt aus Sicherheitsgründen auf einer Insel
errichteten, war der Bauplatz von vornherein beschränkt. Erst
im vorigen Jahrhundert wurden die Altstadtgrenzen gesprengt.
Zwar schlug der letzte Weltkrieg tiefe Wunden ins historische
Stadtbild. Der Palmsonntag 1942 ging als Nacht des Feuers in die
jüngere Stadtgeschichte ein. Was der Krieg und der Bauboom
der Nachkriegsjahre übrigließen, reichte jedoch, um die Altstadt
1987 in die UNESCO-Liste des Weltkulturerbes der Menschheit
aufzunehmen − wie die Chinesische Mauer, die Akropolis von
Athen oder die Lagunenstadt Venedig.
So kommen die Besucher, genießen die Atmosphäre der alten
Stadt, die selbst in den „Gängevierteln" nicht muffig oder stickig
ist, schnuppern Seeluft im Ostseebad Travemünde, Lübecks
„schönster Tochter", lassen sich von den reetgedeckten Katen
des Fischerortes Gothmund faszinieren, der ebenfalls zur Stadt
gehört. Dieser aus der Praxis und für die Praxis geschriebene
Führer will helfen, die Schönheiten der Stadt, auch die verborge-
nen, zu entdecken und zu erleben.

Von der Natur begünstigt, durch Handel groß geworden: Blick in Lübecks Geschichte und Baugeschichte

Mehrere Gründungen

Jede Stadt, die etwas auf sich hält, feiert ihren Gründer. Lübeck, die einstige „Königin der Hanse", kann gleich zwei Personen würdigen: Graf Adolf II. von Schauenburg und Heinrich den Löwen. Als im Jahr 1993 „850 Jahre Lübeck" über dem Festprogramm stand, gedachte man der Gründung der Stadt durch den Schauenburger Grafen im Jahre 1143. Das Datum markiert jedoch allenfalls den Anfang der deutschen Stadt. Schon im 9. Jahrhundert ist eine Burganlage christlicher Wenden in der Nähe der späteren Stadt nachgewiesen, Lubeke oder Liubice, die „Liebliche", genannt. Dieses Alt-Lübeck wurde 1138 von heidnischen Slawen zerstört. Adolf II. ließ ab 1143 auf einem besser zu schützenden Hügel, Alt-Lübeck gegenüber, planmäßig eine Kaufleutesiedlung anlegen. Der alte Name Lubeke wurde auf die neue Siedlung übertragen.

Die Schauenburger Grafen mit ihrem Stammsitz in Rinteln an der Weser waren 1111 von Kaiser Lothar mit Holstein und Stormarn belehnt worden. Sie gründeten an mehreren Stellen ihrer neuen Lande Städte, darunter eben Lübeck als wichtigste Hafenstadt an der Ostsee. Graf Adolf lud Fernhändler vom Rhein, aus Westfalen und den Niederlanden ein, sich im Norden niederzulassen. Der Platz war strategisch äußerst günstig gewählt. Zum einen lag der flachgewölbte Hügel zwischen zwei Flüssen, Trave und Wakenitz, die ihn bestens schützten. Nur im Norden gab es einen schmalen Landzugang. Zum anderen konnte die Stadt als idealer Ausgangspunkt für den Handel mit Nord- und Osteuropa

Lübeck um 1650 zeigt das Stadtmodell,
das der Lehrer Asmus Jessen 1935 mit
Schülern anfertigte. Es ist heute im
Holstentor-Museum ausgestellt. Im
Vordergrund sieht man die Bastionen,
damals moderne Verteidigungsanlagen.

Die Breite Straße im vorigen Jahrhundert: In leichtem Schwung führt der Weg auf die Jakobikirche zu.

angesehen werden. Trotzdem war dem Lübeck des Grafen Adolf
keine Dauer beschieden. Die Stadt wurde bereits 1157 durch ein
Feuer zerstört.

Die Neugründung ließ zwei Jahre auf sich warten. Schon vorher
war es zwischen dem Grafen und seinem Lehnsherrn, dem Sach-
senherzog Heinrich, zum Streit gekommen. Heinrich der Löwe
fürchtete, daß Lübeck durch die günstigere Lage seinen eigenen
Handelsplätzen im Norden, Lüneburg und Bardowick, den Rang
ablaufen könnte. Er verlangte die Übergabe des Ortes. Der Graf
lehnte ab. Auch auf eine Teilung der Einkünfte wollte der
Schauenburger sich nicht einlassen. So gründete der Herzog wa-
kenitzaufwärts einen Konkurrenzhafen, die „Löwenstadt". Die
Wakenitz war jedoch für Seeschiffe zu flach, so daß die Ladun-
gen für die letzten Kilometer auf Kähne umgeladen werden mußten. Da das zu umständlich war, verhängte der Herzog über
Lübeck ein Fernhandelsverbot.

Nach dem Brand von 1157 fragten die Lübecker Kaufleute an, ob
sie mit der Aufhebung des Verbotes rechnen könnten. Ein Wiederaufbau hätte sich für sie sonst nicht gelohnt. Da ein Trüm-
merhaufen oder ein Ort mit Handelsverbot auch dem Grafen
nichts nutzte, einigten sich die Herrscher. Graf Adolf trat Lübeck
an Heinrich den Löwen ab. So wurde die Stadt 1159 zum zweiten
Mal gegründet, diesmal durch den Welfenherzog, der ihr Zeit
seiner Regierung besondere Hilfe angedeihen ließ. Obwohl in
der gräflichen Burg ein Vogt saß, überließ Heinrich das Stadtre-
giment weitgehend den Kaufleuten selbst. Dem Handel und den
Geschäften kam dieser freie Unternehmergeist durchaus zugute.
Lübeck mußte sich nahezu zwangsläufig zu einer erfolgreichen
Hafen- und Handelsstadt entwickeln. Die Stadt war 15 Kilometer
vom Meer entfernt − weit genug, um von Hochwasser und Flu-
ten nicht wirklich getroffen zu werden, aber auch nah genug, um
über die Trave gut und schnell erreichbar zu sein. Daß es an der
Mündung der Trave in die Ostsee dänische Befestigungen gab,
störte nur so lange, bis Lübeck die Flußmündung erwerben
konnte. Das geschah bereits 1329.

Für die in der Mitte des 12. Jahrhunderts einsetzende Ostkolonisation war Lübeck ein wichtiger Stützpunkt. Der Handel blühte auf. Der Osten brauchte Salz, Tuche, Wein, Fertigwaren. Auf ihrem Rückweg brachten die Koggen, die geräumigen Lastenträger zur See, Pelze, Fisch, Erze und andere Rohstoffe mit. Der Ausbau Lübecks vollzog sich in geradezu atemberaubendem Tempo. Schon 1160, ein Jahr nach der Neugründung, bat Bischof Gerold den Herzog, seinen Sitz von Oldenburg in das sichere Lübeck verlegen zu dürfen. Der Herzog willigte ein: Das Ansehen seiner neuen Stadt konnte dadurch nur gewinnen. 1163 bereits wurde die erste Bischofskirche ihrer Bestimmung übergeben. Zu dem feierlichen Ereignis kamen Herzog Heinrich und Graf Adolf. Der Erzbischof von Bremen, Hartwig, dem das Bistum Lübeck unterstand, weihte den kleinen hölzernen Dom. Unter Gerolds Nachfolger, Bischof Heinrich, legte der Löwe 1173 an gleicher Stelle, am südlichen Ende des Stadthügels, den Grundstein zum Backsteindom. Er sollte einer der größten Backsteinbauten Nordeuropas werden. Die Lücken zwischen der herzoglichen Burg im Norden und dem Dom im Süden schlossen sich im Laufe von gut hundert Jahren mehr und mehr.

Stadt der Backsteingotik

Lübeck, die Stadt der Kaufleute und Händler, aber auch der Handwerker, Ackerbürger und Tagelöhner, bestand in der ersten Hälfte des 13. Jahrhunderts aus kleinen ein- bis zweistöckigen Holzhäusern oder Fachwerkbauten. Nur die Pfarrkirchen der einzelnen Stadtquartiere ragten als imponierende Backsteinbauten aus dem Meer der kleinen Wohnhäuser heraus. Mehrere Großbrände zwischen 1250 und 1276, denen oft ganze Straßenzüge zum Opfer fielen, brachten eine neue Verordnung. Der Rat verbot den Bau von Holz- und Fachwerkhäusern. Lediglich Verkaufsbuden oder Arme-Leute-Wohnungen auf den Höfen durften weiter in herkömmlicher Art gebaut werden. Für die Häuser an der Straße war Steinbauweise vorgeschrieben. Da es im norddeutschen Flachland keinen Haustein gibt, wurden die Häuser aus „gebackenem Stein" erbaut.

Das Heiligen-Geist-Hospital am Koberg ist nach wie vor eine beliebte Seniorenresidenz. Die gotische Kirchenhalle steht quer zur Straße.

Ziegelbrennereien gab es oft gleich neben den Großbaustellen, etwa bei der Petrikirche. Eine Petri-Ziegelei hat jahrhundertelang Steine gebrannt und mit ihrem Zeichen versehen.

Für die Fassaden hatte die Stadtregierung schon im 13. Jahrhundert den Treppen- oder Stufengiebel vorgeschrieben. Da sich auf diese Weise fast ohne Zwischenräume Haus an Haus fügen ließ, entstand ein einheitliches Stadtbild. Die Häuser waren vor allem „Kaufhäuser". Die Diele hinter dem Eingang diente dem Geschäft und dem Wohnen gleichermaßen. Küche und Kammern zweigten von der Diele ab. Die oberen Geschosse wurden als Speicher genutzt. Einen repräsentativen Wohnraum legte man sich erst vom 14. Jahrhundert an zu. Die reichsten Kaufleute, die zugleich die Ratsherren und Bürgermeister stellten, bauten sich prächtige Flügelgebäude in die Gärten. Eine solche Anlage, allerdings aus späterer Zeit, kann man im Behn- und Drägerhaus in der Königstraße bewundern. Die Häuser sind als Museum der Öffentlichkeit zugänglich (siehe S. 82). Auch das älteste Lübecker Rathaus bestand aus drei nebeneinanderstehenden Giebelhäusern. Im Laufe der Jahrhunderte ist es mehrfach verändert worden. Als sich im Rathaus zu Lübeck die Abgesandten der Hansestädte zu den sogenannten Hansetagen trafen, wurde das Gebäude im Herzen der Stadt zum „großartigsten Rathaus des deutschen Mittelalters" − so der Kunsthistoriker Georg Dehio − umgestaltet.

Das „Fischgrätenmuster" des mittelalterlichen Stadtplans wurde Vorbild für andere Städte im Ostseeraum, bis hin nach Stockholm. Als der spätere Stadtbaurat Hannovers, Rudolf Hillebrecht, 1935 Lübeck bei einem Rundflug sah, schwärmte er: „Diese Straffung der beiden Straßenschnüre, Breite Straße und Königstraße, in einem Zug von Tor zu Tor, das ovale Bild des geschlossenen Stadtkörpers, vom Wasser umgeben, und dann jene Reihung von Giebel neben Giebel, gleichgerichtet einer neben dem anderen, diese herrlichen Dachflächen in ihrer Ordnung . . . Das war das Unerhörte, das Einmalige, eben das Schöne dieser Stadt, was sie aus dem guten Dutzend anderer der schönsten und berühmtesten Städte des Reiches heraushob."

Hafenansicht aus dem 19. Jahrhundert;
die Schiffe legten an den Kais der
Untertrave an. Im Hintergrund sind
drei der noch bestehenden sechs gotischen Stadtkirchen zu erkennen,
St. Jakobi, St. Marien, St. Petri (von
links).

Vom Gelände der Burg am Landzugang zur Stadt im Norden bis zum Mühlentor im Süden zog sich schon im Mittelalter die Hauptverkehrsader über den ovalen Hügel. Von der Hauptader zweigten rechtwinklig die Straßen zu den beiden Flußläufen ab. Diese „Gruben" führten im Westen zum ältesten Hafen an der Trave. Auf einen Nebeneffekt der Hügellage machte der englische Historiker Thomas Nugent aufmerksam, als er 1766 für die hannoverschen Könige auf Englands Thron, vor allem für die aus Mecklenburg stammende Königin, Reiseberichte aus Norddeutschland schrieb: „Die Gassen führen von der Hauptstraße teils gegen Osten nach der Wakenitz, teils gegen Westen nach der Trave hinab. Diese Lage bewirkt eine stete Reinigkeit der Gassen, weil mit dem kleinsten Regenschauer aller Koth und Unrath weggespült wird."

Andere Besucher rühmen, diesem „Reinigkeitseffekt" zum Trotz, das gute Trinkwasser. Es wurde, wie der Moskauer Metropolit Isidor 1439 bei seiner Reise zum Konzil von Florenz staunend bemerkte, „mit einem Rad aus dem Fluß Wakenitz in die Häuser gepumpt". Die alten Brunnen und hölzernen Leitungen, die von der Wasserkunst gespeist wurden, sind an mehreren Stellen der Altstadt gefunden worden. Das alte Lübeck mit seinen etwa 25 000 Einwohnern war im 14. Jahrhundert nach Köln die zweitgrößte Stadt in Deutschland. Es wurde eine der bedeutendsten Städte im Heiligen Römischen Reich Deutscher Nation. Kaiser Karl IV. redete bei seinem Lübeck-Besuch im Jahre 1375 die bürgerlichen Kaufleute im Rathaus mit dem Ehrentitel „Ihr Herren" an. Ein Spruch des 16. Jahrhunderts zählt Lübeck zu den bedeutendsten Städten Europas: „Brügge in Flandern, Lübeck in Alemanien, Paris in Frankreich, Wien in Österreich − wo findet man der vier Städte gleich?"

Für die Stadt der einheitlichen Backsteingotik, das „Rothenburg des Nordens", schlug 1942 am Sonntag vor Ostern (Palmarum) die „Nacht der hundert Wunden". Nach einem Großangriff der Royal Air Force brannten ganze Straßenzüge aus. Zum Teil standen, als der Qualm sich verzogen hatte, noch die Fassaden. Man hätte die dazugehörigen Gebäude wiedererrichten können, wie

Der Straßenzug Fünfhausen vor 1942; mitte, mit Durchgang) wurde nach dem die Kapelle „Maria am Stegel" (Bild- Krieg abgebrochen.

dies mit dem Buddenbrookhaus in der Mengstraße auch geschah. Unsere heutigen Begriffe von Denkmal- und Stadtbild-pflege galten jedoch damals noch nicht. Noch während des Krie-ges wurden wertvollste Fassaden, etwa unterhalb der Türme der Marienkirche, abgerissen. Rund ein Fünftel der alten Bausub-stanz verschwand. Was vom mittelalterlichen Lübeck geblieben und was später in mühevoller Arbeit restauriert worden ist, reichte der UNESCO, um Lübeck 1987 in das Weltkulturerbe der Menschheit aufzunehmen. Die Lübecker Altstadt steht damit in der gleichen Liste wie die Schloßanlagen von Versailles, die ägyptischen Pyramiden, die Akropolis von Athen oder der Kai-serdom in Aachen.

Wirtschaftsmacht im Ostseeraum: Königin der Hanse

Seinen wirtschaftlichen Aufschwung verdankt Lübeck vor allem der Geographie. Die Stadt lag am Schnittpunkt früher Handels-wege, insbesondere des Warenaustausches zwischen Ost und West. Die Routen führten von Rußland bis England und in die Niederlande, später auch zu den Atlantikhäfen Frankreichs, Spa-niens und Portugals. Auch Schweden und Norwegen waren wichtige Partner. Endpunkte der Nord-Süd-Verbindungen waren Venedig, Genua und Barcelona. Die wichtigste Erfindung für den einsetzenden Massengutverkehr war ein neuer, vom 13. Jahrhundert an gebräuchlicher Schiffstyp, die Kogge. Sie war den Schiffen aus der Wikingerzeit weit überlegen und konnte bis zu 300 Tonnen Ladung transportieren, so daß die Fahrten gute Gewinne abwarfen. 30 Meter lang und sieben Meter breit war eine Lübecker Kogge. Sie hatte einen Tiefgang von bis zu drei Metern.

Der wirtschaftliche Erfolg der Stadt fand politische Anerken-nung. Schon 1188 gewährte Kaiser Friedrich I. den Lübeckern Sonderrechte. Das sogenannte „Barbarossa-Privileg" ließ sich der Rat 1226 von Friedrich II. bestätigen. Daß die Lübecker dabei „nachhalfen" und die Privilegien von 1188 großzügig er-weiterten, ist wohl keine Erfindung böser Zungen. Friedrich II.

stellte die Stadt „auf ewig unmittelbar" unter kaiserlichen
Schutz. Lübeck zählte damit zu den ältesten reichsfreien Städten.
Kein weltlicher Fürst, keine geistliche Macht regierte die Stadt.
Aus den vornehmsten Familien – und das waren in einer Han-
delsstadt die erfolgreichsten Kaufleute – wurden Ratsherren,
Senatoren und Bürgermeister bestellt. Kaiser Friedrich sprach
der Stadt das Landgebiet bis Travemünde zu „und das gesamte
Wasser auf dieser Strecke". Die Grenze verlief also nicht in der
Mitte der Gewässer, so daß Spannungen mit den Mecklenburger
Herzögen ausgeschlossen waren.

Lübeck war also freie und bald auch Hansestadt. Das Wort
„Hanse" bedeutet Schar, Kriegsschar. Es wurde angeblich 1266
in London erstmals gebraucht, um den Zusammenschluß der
deutschen Kaufleute zu bezeichnen. Die Hanse, deren Idee älter
ist als der Name, wurde bald ein Städtebund. Zu dessen Zielen
gehörten „Erhaltung und Erweiterung städtischer Freiheit, Wahrung gesicherter Handelsfahrt zu Lande und zur See, Schiedsge-
richt zu halten bei Streitigkeiten, Hilfestellung im Kriegsfalle
durch Mannschaften und Schiffe".

Entsprechende Abkommen zwischen Städten hatte es schon vorher gegeben. So wurde 1241 ein erster Vertrag zur Sicherung des
Transportweges zwischen Lübeck und Hamburg unterschrieben.
Holsteins Adelige betätigten sich nämlich als Raubritter. Aber
auch gegen die Piraten auf See brauchten die Kaufleute einen
wirksamen Schutz, den die Streitmacht ihres Städtebundes dar-
stellte. In erster Linie aber war die Hanse ein Wirtschaftssystem,
eines der erfolgreichsten im Mittelalter. 70 aktive Mitglieder
gehörten dem erst 1356 förmlich besiegelten Städtebündnis an,
weitere 100 waren lose angegliedert.

Nicht nur Hafenstädte traten der Hanse bei, sondern auch im
Binnenland gelegene Orte, wie zum Beispiel Magdeburg, Köln
oder Frankfurt. Dabei hatte die Hanse keine Statuten, keine Bun-
deskasse. Handelsrivalitäten zwischen einzelnen Mitgliedern
ließen das nicht zu. Einziges Organ waren die Hansetage, die
höchstens einmal jährlich, meistens seltener veranstaltet wurden. Dabei waren nie alle Mitglieder vertreten. 1293 beschlos-

Ansicht Lübecks im 17. Jahrhundert:
Der Kupferstich von Matthäus Merian
zeigt die auf einer Flußinsel gelegene
„Königin der Hanse".

Lübeck von Osten gesehen; Georg
Braun und Franz Hogenberg veröffent-
lichten diesen kolorierten Kupferstich
im Jahre 1572.

sen die norddeutschen Hansemitglieder, den Rat von Lübeck als höchste Rechtsinstanz bei Streitigkeiten anzuerkennen. Dieser Beschluß war der wichtigste Schritt Lübecks auf dem Wege zur „Königin der Hanse". Spätestens seit 1418 kann die Stadt den Titel für sich in Anspruch nehmen. In jenem Jahr wurden auf dem Hansetag die von Bürgermeister Jordan Pleskow verfaßten „Grundsätze des gemeinsamen Handelns" angenommen. De facto war Lübeck diese Vormachtstellung schon früher zugefallen. Lübeck lud zu den Hansetagen ein, die seit 1356 im Lübecker Rathaus stattfanden.

An ihren wichtigsten Handelspunkten errichtete die Hanse Niederlassungen, sogenannte Kontore. Die bedeutendsten waren Nowgorod, Bergen, Visby, Brügge, Antwerpen, London. Gehandelt wurde mit vielerlei Gütern. Aus England und Flandern kamen Tuche und Wolle, die der Osten dringend brauchte. Der Westen bezog vom Norden und Osten Rohstoffe: Pelze kamen aus Rußland, Holz und Honig aus dem Baltikum; Norwegen lieferte Stockfisch, Schweden Heringe und Erz. Gebraucht wurden große Mengen von Salz, um den Fisch haltbar zu machen. Es kam aus Lüneburger Salinen, wurde auf flachen Flußkähnen nach Lübeck gebracht, hier auf Koggen verladen und auf der Ostsee verschifft.

Manchen Krieg hat die Hanse bestanden. Sie war im 14. Jahrhundert einer europäischen Großmacht vergleichbar. Nach Fehden mit Dänemark wurde 1370 im Frieden von Stralsund festgelegt, daß die dänischen Königswahlen der Zustimmung der Hanse bedurften. Etwas überspitzt formuliert, entschied damit der Lübecker Rat über die Vergabe der Kronen in den nordischen Reichen. Gustav Wasa kam 1523 mit Lübecker Hilfe auf den schwedischen Thron. Deutsche Kaufleute hatten in Stockholm soviel Einfluß, daß schließlich ein Gesetz erlassen wurde, wonach nicht mehr als die Hälfte der Stockholmer Ratsmitglieder Deutsche sein durften.

Die Entdeckung Amerikas und der Dreißigjährige Krieg beendeten die Blütezeit der „Königin der Hanse". Der lange Krieg brachte den Handel zum Erliegen. Als Folge der Entdeckung der

Neuen Welt verlagerten sich zudem die wichtigsten Handels-
wege von Ost- und Nordsee auf den Atlantik. Hamburgs Hafen
lief Lübeck den Rang ab. Selbst in der Ostsee herrschte die
„Königin" nicht mehr. Die Häfen von Kopenhagen, Stockholm,
Danzig und Riga erzielten höheren Umschlag. 1669 trat zum
letzten Mal ein Hansetag in Lübeck zusammen. Der Städtebund
hatte sich überlebt. Im Dreierbund Hamburg, Bremen, Lübeck
lebte der Gedanke der Hanse weiter.

Aus Raumnot entstanden: Gänge und Höfe

Während die Kaufleute in der Blütezeit der Hanse und auch
danach in den geräumigen Häusern an der Straße wohnten, wurden für die einfachen Arbeitsmänner und Tagelöhner in den Hinterhöfen sogenannte Buden errichtet. Es waren kleine Häuschen
in Holz- oder Fachwerkbauweise. Oftmals befanden sich mehrere Buden unter einem Dach, mit gemeinsamer Wasserstelle
und der Latrine im Hof. Da die Wohnverhältnisse alles andere
als hygienisch waren, breiteten sich Seuchen und Krankheiten in
den engen Höfen schnell aus. Andererseits erhöhte die Zahl der
Buden durch die Mieteinnahmen den Verkaufswert eines Grundstückes.
Die Höfe wurden später noch aus einem zweiten Grund bebaut.
Infolge des Bevölkerungswachstums war seit dem 16. Jahrhundert kein Raum für neue Häuser an den Straßen mehr vorhanden.
Die Stadtinsel ist nämlich nur zwei Kilometer lang, und nur in
den sie umgebenden schützenden Mauern meinte man sicher zu
leben. Auch die zuvor als Gärten oder für das Vieh genutzten
Höfe wurden nun für Wohnzwecke benötigt. Kaufleute errichteten für Witwen oder unverheiratete Töchter hier kleine Wohnungen. Die Höfe waren durch das Vorderhaus oder über schmale
Durchgänge zwischen zwei Häusern erreichbar. Die Bezeichnung Wohngang oder Gangbude hat hier ihren Ursprung.
In Lübeck ist schon frühzeitig ein ausgeprägtes Stiftungswesen
zu beobachten. Viele Wohngänge wurden als Stiftshöfe geführt.
Das heißt, daß aus dem Kapital oder dem Vermächtnis eines Bür-

Eine der prachtvollsten Stiftungen ist
der Füchtingshof in der Glockengießerstraße (kleines Bild, oben). In den
Gängen, von denen es noch knapp 100
gibt (rechts), ist es oft sehr beengt. Die
kleinen Häuser, die sogenannten
Buden, werden aber liebevoll gepflegt.

gers für Bedürftige kostenloser oder kostengünstiger Wohnraum geschaffen wurde. 1709 zählte man 164 bewohnte Gänge. Rund 100 Stiftshöfe und Wohngänge gibt es noch heute. Allerdings sind manche kaum noch als solche auszumachen oder nicht öffentlich zugänglich. Viele der kleinen Häuschen sind inzwischen saniert, mit moderner Installation und Bad versehen. Manchmal wurden zwei oder drei der ursprünglich sehr kleinen Einheiten zusammengefaßt. Hierdurch entstanden Wohnungen, die auch heutigen Ansprüchen genügen. Junge Familien richten sich gern ein Ganghaus her. Sie leben mitten in der Stadt, können ihre handwerklichen Fähigkeiten bei der Sanierung der kleinen Häuser einsetzen. Die Finanzkraft der Stadt wäre überfordert, sollte sie alle Objekte sanieren. Immerhin stehen rund tausend Wohnhäuser auf Lübecks Denkmalliste.

In den Stiftshöfen leben heute vorwiegend ältere Menschen. Sie pflegen ihren Gang, legen Blumenbeete an und hängen Geranientöpfe auf, halten nachbarschaftlichen Kontakt. Im Sommer wird im Hof gemeinsam Kaffee getrunken. Inmitten des Großstadtlärms sind so Oasen der Ruhe entstanden. Die kleinen Hinterhöfe, in denen keine Mietskasernen nach Berliner Muster hochgezogen wurden, machen viel vom Reiz der Lübecker Altstadt aus.

Die bekanntesten Höfe findet man im Viertel zwischen Königstraße und Wakenitz. Aber auch im Domviertel in der Nähe der Obertrave oder unterhalb der Jakobikirche in der Engelsgrube kann man Gänge entdecken. Manche Gänge verbinden zwei Straßen miteinander, wie der Gang zwischen Wahm- und Aegidienstraße oder Depenau und Marlesgrube. Die schönsten Stiftshöfe sind in der Glockengießerstraße zu finden. Hinter einem aufwendig gestalteten Barockportal öffnet sich der Füchtingshof (Glockengießerstr. 23–27). Ein Schmuckstück in der Nachbarschaft ist Glandorps Hof (Glockengießerstr. 49–51). Auch der Haasenhof in der Dr.-Julius-Leber-Straße ist ein Juwel, Beispiel für eine gelungene Sanierung. Weitere gern besuchte Gänge sind das Von-Höveln-Stift in der Hundestraße, Bruskows Hof und der Von-Höveln-Gang in der Wahmstraße. In der Engelsgrube gibt es im Bäcker-Gang gleich ein Dutzend kleiner Privathäuser. Obwohl die Gänge eigentlich öffentlicher Straßenraum sind, versuchen manche Bewohner, den „Besuchertrubel" fernzuhalten. Bei einigen Höfen sind Besichtigungszeiten angegeben. Wer sich ruhig umsieht und den hier lebenden Menschen nicht unbedingt durch die Scheiben guckt, kann ungestört auf Entdeckungstour gehen.

Viele Buden und Ganghäuser, aber auch ganze Gänge sind durch Kriegsschäden und durch Abriß verschwunden. Auch gesundheitliche Gründe wurden für den Abriß angeführt. Man wollte mehr Licht und Luft in die Hinterhöfe lassen. Die erhaltenen Beispiele wecken beim Lübeck-Besucher Interesse, wenn nicht sogar Entzücken, bieten sie doch eine Idylle inmitten der Großstadt.

Die Altstadtgrenzen werden gesprengt

Die ummauerte, durch Wälle und Gräben geschützte Stadt bot ihren Bewohnern im Mittelalter Schutz und Sicherheit. Bedingt durch die geographische Lage, insbesondere durch die natürlichen Wasserläufe von Trave und Wakenitz, ließ sich der Baugrund nicht vermehren. Schon früh wurden deshalb nicht nur die Höfe bebaut, sondern es wurde auch vor den Toren gesiedelt. Zunächst fand man hier Landgüter und Gärtnereien. Vornehme Familien erwarben ferner Grundstücke, auf denen sie Sommerhäuser errichteten, nicht selten von parkähnlichen Anlagen umgeben. Wer etwas auf sich hielt, lebte im Sommer „auf dem Garten", wie man sagte. Im Winter war dies verboten. Auch Siechen- und Pesthäuser oder Friedhöfe wurden vor die Stadttore verlegt. Das bekannteste Beispiel ist der Pestfriedhof St. Lorenz, dem heutigen Bahnhof gegenüber. Das Pestkreuz aus dem Jahre 1597, eine der ältesten freistehenden Plastiken der Stadt, erinnert an die Eröffnung des Friedhofes nach einer Epidemie. Im Dorf Moisling bei Lübeck wurde den Juden ein Siedlungsgebiet zugewiesen. Die Bürger wollten die Juden nicht in der Stadt haben, nicht aus rassischen Gründen, sondern weil sie als gute Händler

Lübeck aus der Luft: Die Altstadtinsel ist von Flüssen und Kanälen umgeben, von modernen Vororten und viel Grün eingefaßt.

galten, deren Konkurrenz man fürchtete; eine Art merkantiler Antisemitismus.

Von Vorstädten im engeren Sinne, also von fest umrissenen, bebauten und besiedelten Stadtbezirken, kann erst seit der Mitte des vorigen Jahrhunderts gesprochen werden. Das ist erstaunlich, weil bereits der sogenannte Reichsfreiheitsbrief Kaiser Friedrichs II. von 1226 bestimmte, daß auch das Land vor den Toren zur Stadt gehören sollte. Allerdings waren die Grenzen nicht definiert, so daß Streitigkeiten mit den Grafen von Holstein, den Lauenburger und Mecklenburger Herzögen vorprogrammiert gewesen wären. 1848 erhielten die Bürger außerhalb der Stadtmauern das Wahlrecht, im Jahr darauf wurde der Begriff „Vorstadt" offiziell verwendet, und 1861 wurden die Grenzen festgelegt. Die Vorstädte behielten die Namen von Schutzheiligen, denen die jeweilige Kirche geweiht war: St. Gertrud im Nordosten, St. Jürgen im Süden, St. Lorenz im Westen. Die „Gränzen der Vorstädte", wie es in der Verordnung vom 26. März 1861 heißt, waren durch Grundstücke oder Flußläufe bezeichnet, etwa: „Zu St. Gertrud gehören alle Grundstücke vor dem Burgtore, welche umschlossen sind durch die Trave, die Israelsdorfer Feldmark, das Lauerholz, die Feldmarken von Wesloe, Brandenbaum und der Hohenwarte sowie die Grundstücke der Treidelhütte, der Glashütte, des Kaninchenberges, des Zweiten Fischerbuden und der Spieringshorst . . .«

Ausgesprochen hinderlich war die Torsperre. Die Stadttore wurden wie im Mittelalter immer noch bei Einbruch der Dunkelheit verschlossen. Wer später in die Stadt oder wieder hinaus wollte, mußte zahlen. Lediglich Ärzte waren ausgenommen. Im Rat hielt man vor allem aus wirtschaftlichen Gründen an der Torsperre fest. Händler mußten ihre Waren beim Eintritt in die Stadt verzollen; die sogenannte Akzise wurde fällig. Wer seine Waren gleich in den Vorstädten absetzte, umging diese Abgabe. Lübeck hob die Torsperre als eine der letzten alten Städte erst zum 1. Mai 1864 auf. Wenige Jahre später, zum 1. Januar 1867, wurde die Gewerbefreiheit eingeführt. Die alten Handels- und Zunftprivilegien waren endgültig gefallen. Im gleichen Jahr

Für den Bau der Eisenbahn wurden in
der Mitte des vorigen Jahrhunderts die
mächtigen Wälle abgetragen. Der erste
Bahnhof lag vor dem Holstentor. Er
wurde 1851 eingeweiht.

waren die Vorstädte katastermäßig aufgemessen worden. Einen Bebauungsplan erhielten sie 1872, ebenso Gasbeleuchtung in den Straßen. 1875 gab es Anschluß an die „Wasserkunst", das alte Schöpf- und Verteilsystem, das bis dahin nur die Rohre der inneren Stadt gespeist hatte.

Die Gewerbefreiheit führte in den Vorstädten zur Ansiedlung von Betrieben und Fabriken. Das gilt zum Beispiel für das zu Lübeck gehörende Fischerdorf Schlutup. Der Ort entwickelte sich zum Zentrum der fischverarbeitenden Industrie. Sogar eigene Schiffsanleger und eine Bahnverbindung wurden gebaut: zum einen, um aus Schweden Fisch anzulanden, da die heimischen Fischer den Bedarf nicht decken konnten, zum anderen, um die Konserven und andere Fertigprodukte, etwa Räucherfisch in Kisten, in alle Teile des Reiches zu transportieren. Auch Holz zum Räuchern und zur Herstellung von Verpackungsmaterial mußte eingeführt werden. Die Fischindustrie in Schlutup boomte bis in unser Jahrhundert. Um 1940 kamen 75 Prozent der in Deutschland verzehrten Fischkonserven aus den 40 Schlutuper Betrieben. Auf 300 Räucheröfen und 600 Bratherden wurden jährlich 35 Millionen Kilogramm Fischkonserven hergestellt. Einige der Betriebe arbeiten heute noch, natürlich nicht mehr so geruchsintensiv wie zu Jahrhundertbeginn. In der Nazizeit erlangte Schlutup zweifelhafte Berühmtheit, da hier, in hundert Gebäuden im Wald versteckt, Rüstungsgüter hergestellt wurden. Heute leben die meisten Lübecker in den Vororten. Zu den historischen Vorstädten St. Gertrud, St. Jürgen und St. Lorenz kamen nach dem Krieg weitere Stadtteile, das moderne Moisling oder die Wohnstadt Buntekuh zum Beispiel. Von 220 000 Lübeckern leben heute nur rund 14 000 auf dem von Wasserwegen begrenzten Areal der alten Hansestadt.

Neue Vororte nach dem Krieg

Schleswig-Holstein war nach dem Krieg das Land, das die meisten Vertriebenen aufzunehmen hatte. Über die Ostsee kamen gegen Kriegsende Tausende von Flüchtlingen. Aus den 1,6 Mil-

Der Klingenberg mit seinem neugotischen Brunnen war vor dem Krieg ein
beschaulicher Platz in der Nähe des
Marktes. Das Hotel „Stadt Hamburg"
galt als erste Adresse in Lübeck
(oben). Zu Füßen der wuchtigen Domtürme standen bis 1942 gediegene
Fachwerkbauten der Bürger (links).

lionen Einwohnern der Provinz nach der Zählung von 1939 waren bei der Währungsreform 2,7 Millionen Menschen geworden. Man sprach vom „Armenhaus Deutschlands".

Lübeck zählte am Ende des Zweiten Weltkriegs 130 000 Einwohner. Hinzu kamen 80 000 Flüchtlinge aus Danzig/Westpreußen, aus Ostpreußen, Schlesien und Hinterpommern. Als sich die Nachricht verbreitete, der britisch besetzte Westteil Mecklenburgs werde russisches Besatzungsgebiet, setzte ein weiterer Flüchtlingsstrom Richtung Lübeck ein. Die entsprechenden Beschlüsse der Konferenz von Jalta wurden zum 1. Juli 1945 tatsächlich umgesetzt. Die russischen Besatzer rückten bis an die Elbe vor. Lübeck wurde auf der gesamten Länge von 40 Kilometern Grenzstadt.

In der zerbombten Stadt war Wohnraum ausgesprochen knapp. Flüchtlinge wurden in Keller und Dachgeschosse eingewiesen, doch solche Maßnahmen reichten nicht: 37 Barackenlager entstanden in verschiedenen Stadtteilen. Erst im Laufe von 20 Jahren konnten die Lager infolge der regen Bautätigkeit nach und nach aufgelöst werden. Zunächst wurden stadtnahe Bereiche im Anschluß an Siedlungen aus den zwanziger und dreißiger Jahren dichter bebaut. Da dies nicht ausreichte, wurden völlig neue Stadtteile entworfen.

In Kücknitz entstand die Siedlung Roter Hahn. In der Nähe des alten Dorfes Moisling wuchs in den fünfziger Jahren das neue Moisling empor. Zehn Jahre später verwandelte die Neue Heimat das Gelände des Hofes Buntekuh in eine weitere Vorstadt. Mit Rücksicht auf die Stadtsilhouette wurden nur wenige echte Hochhäuser errichtet. Die Mischung von Mehrgeschoßwohnungen und Einfamilienhäusern sollte den unterschiedlichen Bedürfnissen und Einkommensverhältnissen Rechnung tragen. Die Bautätigkeit hat auch in den neunziger Jahren nicht nachgelassen, zumal nach der Wiedervereinigung erneut Menschen aus Mecklenburg in die Stadt zogen. Auch Aussiedler aus der ehemaligen Sowjetunion kamen in größerer Zahl. So entstand im Stadtteil St. Lorenz seit 1990 die Siedlung Roter Löwe.

Lübeck, das bis 1937 selbständiger Staat war, blieb bei der Neu-

gliederung des Bundesgebietes Teil Schleswig-Holsteins. Die
Lübecker wollten das zunächst nicht hinnehmen. 1949 richtete
die Bürgerschaft, das Kommunalparlament, einen Antrag an den
Parlamentarischen Rat, der auf die Wiederherstellung der Eigen-
staatlichkeit abzielte. Die Verfassungsväter lehnten den Antrag
ab. Zur Begründung wurde angeführt, der kleine Stadtstaat sei
als Bundesland nicht lebensfähig. 1955 unternahm die „Vater-
städtische Vereinigung" einen ähnlichen Vorstoß. Das Bundes-
verfassungsgericht wurde angerufen, um eine Volksbefragung
mit dem Ziel der Rückführung auf die einstigen Grenzen zu
erlauben. Das oberste deutsche Gericht wies das Ansinnen am
24. Februar 1956 mit ähnlichen Argumenten zurück. Seit der
Gründung der Bundesrepublik gehört Lübeck also als eine von
vier kreisfreien Städten zum Land Schleswig-Holstein.
Obwohl die Mehrzahl der Einwohner in den Vororten lebt, ist
die Altstadt im Bewußtsein der Lübecker und der Besucher das
„eigentliche Lübeck". Bis auf einige Zweigstellen sind die städtischen Verwaltungen und Behörden in der Altstadt untergebracht.
Hier finden sich die Theater und Museen, die wiederaufgebau-
ten alten Kirchen. In der Altstadt konzentrieren sich die Kinos,
die aus den Vororten verschwunden sind. Auch Restaurants und
Kneipen gibt es in den alten Gassen in großer Zahl.

Seit 1989 wieder mit Hinterland

Durch die deutsch-deutsche Grenzziehung in der Folge des
Zweiten Weltkriegs war Lübeck auf voller Länge Grenzstadt
geworden. Die Grenze begann, wie schon erwähnt, im Norden
in der Lübecker Bucht, sie verlief allerdings nicht in der Mitte
des Wassers. Wie bei den Flußläufen südlich der Stadt markierte
das östliche Ufer den Grenzverlauf. In die Lübecker Bucht ragte
zudem die Halbinsel Priwall als westlichster Zipfel Mecklenburgs in die britische Zone hinein. Der Priwall, der schon jahrhundertelang zu Lübeck gehört hatte, blieb bei der Stadt und
wurde zum Osten hin abgetrennt. Nur über Fähren konnten die
Bewohner das „Festland" erreichen.

Bis zum Mai 1952 blieb als Übergang zwischen Lübeck und
Mecklenburg eine kleine Landstraße offen, die den Vorort Eichholz mit dem Dorf Herrnburg verband. Ein Bach, der Landgraben, den früher spielende Kinder überspringen konnten, wurde
zur unüberwindlichen Grenze zwischen Ost und West. Der offizielle Übergang Eichholz wurde 1952 geschlossen. Die Straße
war praktisch durchgeschnitten. Erst 1960 eröffneten die DDR-
Behörden einen neuen Übergang, und zwar zwischen Lübeck-
Schlutup und Selmsdorf/Mecklenburg. Gleichzeitig wurde der
Bahnübergang Lübeck-Herrnburg geschaffen. Jahrzehntelang
mußten sich Deutsche und Ausländer am Grenzübergang, oft
nach langer Wartezeit, peinlich genau kontrollieren und befragen
lassen.
Die einstige Demarkationslinie wurde im Laufe der Zeit mehr
und mehr ausgebaut und befestigt. Minengürtel, hohe Metall-
und Drahtzäune, Mauern, Todesstreifen, Wachtürme machten
die Überwindung unmöglich. An manchen Stellen konnten die
Westler zwar hinübersehen, aber selbst der Blickkontakt mit
Angehörigen auf der östlichen Seite war unmöglich. Im Sperrge-
biet, das sich in der DDR an die Grenzbefestigungen anschloß,
wurden Familien umgesiedelt. Verbliebene Bewohner brauchten
besondere Papiere, durften keinen Westbesuch empfangen.
Es waren bewegende Momente, als sich die Wiedervereinigung
anbahnte. Der Übergang Eichholz-Herrnburg wurde am 16. De-
zember 1989 wieder geöffnet. Im Morgengrauen standen Tausende von Lübeckern wartend am Landgraben. Von Herrnburg
her kamen die Bewohner, die Feuerwehrkapelle voran, geschlossen anmarschiert. In der Morgendämmerung fielen sich fremde
Menschen in die Arme. Ähnlich rührende Szenen spielten sich
im November/Dezember 1989 auf Lübecks Straßen ab. Eines
Mittags war die Innenstadt plötzlich von Trabis überflutet. Der
typische Geruch der Zweitaktmotoren lag in den Altstadtgassen.
Viele DDR-Bürger waren einfach losgefahren, hatten ausprobie-
ren wollen, ob es stimmte, daß man die Grenze passieren durfte.
Sie wurden von den Lübeckern herzlich begrüßt. Auf einem
Trabi, der völlig verkehrswidrig in der Holstenstraße auf dem

Bürgersteig parkte, lag ein Haufen Kleingeld und ein Zettel: „Schön, daß Ihr da seid. Wir haben unser Taschengeld gesammelt. Klasse VI b." Eine Lübeckerin, die auf dem Wochenmarkt Bananen gekauft hatte, wurde auf dem Weg nach Hause dreimal zum Mittagessen eingeladen – Bananenbüschel galten als Kennzeichen der Ostbesucher.

Die Grenzbefestigungen sind inzwischen demontiert. Aus den Todesstreifen am Stadtrand sind Rad- und Wanderwege geworden. Die Kontrollgebäude in Schlutup sind verschwunden. Normalität ist eingezogen. Lübeck hat das östliche Hinterland wiedererhalten, kann sich zum Zentrum einer größeren Region entwickeln. Viele Mecklenburger kommen zum Einkaufen. Umgekehrt fahren Lübecker ins westliche Mecklenburg, um die Natur zu genießen oder das Kulturangebot der Landeshauptstadt Schwerin wahrzunehmen.

Die Schlutuper erleben seit 1989 ein Wechselbad, das für den Außenstehenden nicht einer gewissen Komik entbehrt. Der Freude über den Ansturm östlicher Wagen folgte der Verdruß. Bürgerinitiativen bildeten sich, die Umgehungsstraßen forderten, da der Ort ständig verstopft, die Luft entsprechend schlecht war. Die Anlieger geplanter provisorischer Umgehungen wehrten sich ebenso vehement. Dann, als das alte Schlutup zu umfahren war und nur noch Anwohner das Recht hatten, in den Ortskern hineinzufahren, gingen die Kaufleute auf die Straße. Sie vermißten die Kundschaft von auswärts.

Inzwischen haben sich die Gemüter beruhigt. Auch wenn die Verkehrsströme, die sich seit der Wiedervereinigung der Lübecker Altstadt nähern, die Behörden vor unlösbare Probleme stellen, wünscht sich niemand den alten Zustand zurück. Viele erinnern sich an den 3. Oktober 1990, als auf dem Gelände des Grenzübergangs eine Wiedervereinigungsparty gefeiert wurde. Am nächsten Morgen war kaum eine Scheibe oder Tür der alten Sperranlagen heil geblieben.

Sieben goldene Türme:
Die alten Kirchen

Die Silhouette der Altstadt ist geprägt von den „sieben goldenen Türmen" von Dom, St. Marien, St. Petri, St. Jakobi und St. Aegidien. Im Mittelalter standen 13 Kirchen und Kapellen auf der Stadtinsel, doch die Zeit und mehrere Kriege forderten ihren Tribut. Außer den bereits erwähnten heute evangelischen Pfarrkirchen findet man auf der Altstadtinsel St. Katharinen, die einstige Klosterkirche der Franziskaner, ferner die Kirche des Heiligen-Geist-Hospitals, die klassizistische Reformierte Kirche aus dem ersten Drittel des vorigen Jahrhunderts und die vor gut hundert Jahren geweihte katholische Kirche Herz Jesu. Alte Gotteshäuser haben ferner einige Vororte, die früher ein selbständiges dörfliches Leben führten. Es sind Genin, einst Zentrum der zum Dom gehörenden Kapiteldörfer (St. Georg), Schlutup (St. Andreas) und Travemünde (St. Lorenz).
Die Adressen, Öffnungs- und Gottesdienstzeiten entnehmen Sie bitte dem Informationsteil S. 183.

Der Dom

Älteste Kirchen sind der Bischofsdom und die Hauptpfarrkirche der Bürger, St. Marien. Zum steinernen Dom legte, wie in Braunschweig, Schwerin und Ratzeburg, Herzog Heinrich der Löwe den Grundstein, anno 1173. Der Dom sollte einer der größten Backsteinbauten im Norden Europas werden. Er wurde um 1247 als romanische Basilika mit Apsiden und Doppelturmanlage fertiggestellt. Nach 1250 wurde am nördlichen Querhaus das Paradies, eine prachtvolle offene spätromanische Vorhalle, angefügt. Womöglich als Antwort auf die im Bau befindliche gotische Marienkirche wurden auch am Dom gotische Umwandlungen vorgenommen: Die Seitenschiffe des Langhauses wurden auf die Höhe des Mittelschiffs geführt und mit gotisierten Gewölben versehen. Im ersten Drittel des 14. Jahrhunderts entstand der prachtvolle gotische Ostchor. Er wurde 1341 geweiht. Die Marientidenkapelle im Osten entstand zwischen 1445 und 1470. 1477 lieferte Bernt Notke sein berühmtes Triumphkreuz ab. Im frühen 18. Jahrhundert wurde die fürstbischöfliche Grabkapelle angebaut, in der mehrere große Sarkophage aus dem Erbauungsjahrhundert der Kapelle stehen.

1942 brannte die Kirche nach einem Bombenangriff völlig aus. Der Wiederaufbau erfolgte im wesentlichen ab 1960. 1973, zur 800-Jahrfeier der Grundsteinlegung, konnte die Dom-Gemeinde das Gotteshaus mit umgestaltetem Innenraum wieder in Empfang nehmen. Statt des zerstörten Hochaltars gibt es jetzt einen Altar, der in der Mitte der Gemeinde steht. Beherrschend ist nach wie vor das Triumphkreuz von Bernt Notke, eine 17 Meter hohe Anlage mit Christus am Lebensbaum. Etwa 70 kleine Figuren umgeben ihn an Stamm und Ästen. Unter dem Kreuz knien wie üblich Maria und Johannes, außerdem Maria Magdalena, zu erkennen an dem orientalischen Kopfschmuck, und der Auftraggeber des Kreuzes, Bischof Albert Krummedick in vollem Ornat. Die Teile des Kreuzes wurden 1942 aus dem brennenden Dom gerettet. Lediglich Gottvater an der Spitze ist verbrannt. 1977, 500 Jahre nach seiner Entstehung, wurde das Triumphkreuz nach gründlicher Restaurierung wieder aufgestellt. Die mittelalterliche Farbigkeit ist noch in Resten vorhanden und freigelegt. Auch die geschnitzte Lettnerverkleidung mit den vier Schutzpatronen (Maria auf der Mondsichel, Johannes der Täufer, St. Nikolaus, St. Blasius) ist eine Arbeit Notkes. Die große Uhr baute Andreas Polleke 1627/28 ein.

Zu den weiteren Kunstwerken im Dom gehören die mittelalterlichen Altartafeln an den Vierungspfeilern (Altar der Mühlenknechte, um 1460; Altar der Stecknitzfahrer, um 1422; Einhornaltar von 1506; Altar der kanonischen Tageszeiten, Anfang 15. Jahrhundert), zwei Madonnen aus Sandstein (Schöne Madonna und Madonna mit der Sternenkrone), Leuchter, Gemälde und Wandmalereien. Das moderne Westfenster gestaltete Lothar Quinte. Die Orgel der Firma Marcussen, Apenrade, wurde 1970

Das Innere des 1173−1247 erbauten
Domes wird vom Triumphkreuz des
Bernt Notke beherrscht, das dieser
1477 fertigstellte (links). Eine prachtvolle spätromanische Vorhalle, ein
sogenanntes Paradies, ließen die
Bischöfe Mitte des 13. Jahrhunderts
anfügen (oben).

Der Dom, Lübecks traditionsreiche Bischofskirche, lag bei der Gründung am
südlichsten Zipfel der Stadtinsel. Am
Mühlenteich findet man auch heute
noch Ruhe und Beschaulichkeit.

fertiggestellt. Wiederaufgebaut und 1982 eingeweiht wurde das
Paradies mit wertvollem Figurenschmuck.

Der Dom, mit mehr als 130 Metern Lübecks längste Kirche, ver-
eint alle wesentlichen Baustile: romanisches Mittelschiff, gotischer Ostchor, barocke Seitenkapellen, Renaissance-Kanzel.
Langhaus und Chor werden seit dem Wiederaufbau durch eine
Glaswand getrennt. Hinter dieser Wand sollte der zerstörte Chor
als Ruine die Erinnerung an die Schrecken des Krieges wachhal-
ten. Eine private Initiative, die „Stiftung Dom zu Lübeck", gab
den Anstoß zum Aufbau. In der Mitte des Ostchores liegt auf
einem Ruhekissen als lebensgroße Bronzeplastik zur Erinnerung
an seinen Domanbau Bischof Heinrich Bocholt, der wenige
Wochen vor der Weihe im Frühjahr 1341 starb.

St. Marien

Die Marienkirche ist das dritte Gotteshaus an gleicher Stelle.
Die erste Holzkirche aus der Zeit der Stadtgründung ersetzte ein
romanischer Backsteinbau, der beim Stadtbrand von 1251 stark
beschädigt wurde. Anstelle eines Wiederaufbaus im alten Stil
beschloß der Rat, eine gotische Hallenkirche zu errichten. Den
damals modernen Baustil kannten die Ratsherren durch Handelsbeziehungen mit Frankreich. Im Laufe von nahezu 100 Jahren
entstand statt der Halle eine gotische Basilika mit fast 40 Meter
hohem Mittelschiff, niedrigeren Seitenschiffen und Hallenum-
gangschor. Den Baumeistern gelang es, die Formensprache der
Gotik aus dem Naturstein in das heimische Baumaterial, den
Backstein, zu „übersetzen". Überall im Ostseeraum hat diese
Idee Schule gemacht, so daß St. Marien als „Mutterkirche der
nordeuropäischen Backsteingotik" gilt. 1350 war die neue Kirche fertig, einschließlich der beiden 125 Meter hohen Türme. Es
gibt zwar höhere Einzeltürme aus dem Mittelalter, bis zur Voll-
endung des Kölner Domes 1880 hatte Lübecks St. Marien jedoch
das höchste Kirchturmpaar der Welt.

Die gotische Ausstattung wurde im 17. Jahrhundert weitgehend
durch Altäre und Kunstwerke des Barock ersetzt. Da es die Kir-

che des Rates war, der seine Sitzungen hier mit einem Gebet
begann, beherbergte sie ferner zahlreiche Schätze aus hanseati-
scher Vergangenheit, einschließlich einiger Kriegsflaggen, die
an den Pfeilern hingen. In der Trese, der vergitterten Kammer
über der Bürgermeisterkapelle, bewahrte der Rat wichtige
Urkunden und andere Schätze auf.

Bis auf wenige Stücke wurden gotische und barocke Kunstwerke
Palmarum 1942 vernichtet. Da die Marienkirche ein Baudenkmal von nationaler Bedeutung ist, wurde noch im Krieg mit Si-
cherungsarbeiten begonnen. Der Wiederaufbau geschah zwischen Kriegsende und 1959. Die Neugestaltung des Innenraumes
besorgte Professor Denis Boniver aus Düsseldorf. Der gotische
Raumeindruck kommt heute, ohne die barocke „Auskleidung",
gut zur Geltung. Neu eingefügt sind die Stufen zum Hochchor.
Sie gleichen das Gefälle aus, das die Kirche vorher hatte − das
Gelände fällt vom höchsten Punkt des Stadthügels, auf dem St.
Marien steht, deutlich zur Trave hin ab. Neu sind der Ziegelfuß-
boden anstelle der alten Grabplatten der Bürgermeister und rats-
fähigen Familien wie auch das große Bronzekreuz von Gerhard
Marcks im Altarraum. Der Marienaltar darunter, der sogenannte
Swarte-Altar, stammt dagegen aus der Zeit um 1495. Der Sakra-
mentsaltar mitten im Chor und der Lichterbaum in der nördlichen Turmkapelle sind wiederum moderne Arbeiten, gestaltet
von dem Nürnberger Bildhauer Heinz Heiber. An alten Ausstat-
tungsstücken ist vor allem der Marienaltar zu nennen, ein Flügelaltar der Antwerpener Schule von 1518. Er steht im östlichsten
Teil, in der Marientidenkapelle. Alt sind ferner das gotische
Sakramentshäuschen (1479), die Figuren des Johannes-Evangeli-
sten (Henning van der Heide, 1505), des heiligen Antonius und
der Darssow-Madonna. Fenster und Orgeln stammen aus der
Nachkriegszeit.

Die große Orgel wurde zwischen 1962 und 1968 von Emanuel
Kemper gebaut (101 Register, 8512 Pfeifen), die kleine, die sogenannte Totentanzorgel, 1985/86 von der Firma Führer, Wil-
helmshaven (56 Register, 4479 Pfeifen). Berühmtester Organist
an St. Marien war 40 Jahre lang Dietrich Buxtehude, von 1668

St. Marien beherbergt eine der größten
mechanischen Orgeln der Welt (links).
Besonders wertvoll ist der Marienaltar,
eine Antwerpener Arbeit von 1518
(oben).

Zwischen Abriß und Wiederaufbau   freie Blick auf St. Marien und das
eines Kaufhauses eröffnete sich dieser   Kanzleigebäude.

bis 1707. Zu ihm kamen 1703 Georg Friedrich Händel und 1705 der 20jährige Johann Sebastian Bach, „um eines oder anderes zu lernen", wie Bach schrieb. Orgelkonzerte finden im Sommer mehrmals wöchentlich statt.

Im südlichen Turm sind bis heute die größten der Glocken zu sehen, die 1942 aus der Glockenstube stürzten. Sie blieben als Mahnmal gegen den Wahnsinn des Krieges liegen. In dieser Turmkapelle hängt auch ein Nagelkreuz, geschmiedet aus Metallresten der im November 1940 von den Nazis zerstörten Kathedrale von Coventry. In der Kapelle neben den Glocken, der Briefkapelle mit schönen Sterngewölben, hat Professor Johannes Schreiter moderne Fenster gestaltet (1983).

Auch die Astronomische Uhr in der Totentanzkapelle ist ein Neubau. Mittags um 12 Uhr warten hier viele Besucher, um sich den Figurenumlauf anzuschauen. Der Totentanzfries Bernt Notkes, der dieser nördlichen Eingangshalle den Namen gab, ist verbrannt. Die neuen Fenster von Alfred Mahlau nehmen das Motiv des Totentanzes wieder auf; die Toten versammeln sich zum Reigen über der Silhouette des brennenden Lübeck. In der Kapelle unter der Totentanzorgel hängt ein großes Gemälde von Johann Friedrich Overbeck, die „Beweinung Christi". Die Ausmalung der Kirche wurde übrigens nach dem Originalbefund aus der Gotik weitgehend rekonstruiert.

St. Jakobi

St. Jakobi bildet zusammen mit dem Heiligen-Geist-Hospital und einigen Bürgerhäusern den beherrschenden Akzent des Kobergs im Norden des Stadthügels. Eine Jakobikirche ist erstmals 1227 im Oberstadtbuch erwähnt. Die romanische Kirche wurde beim Stadtbrand von 1276 zerstört. Der Bau der heute noch stehenden gotischen Jakobikirche begann um 1300. Im Jahre 1334 wurde der neue Hochaltar dem Apostel Jakobus geweiht. Seine Verehrung erinnert daran, daß Lübeck Pilgerstation auf dem Wege von Skandinavien zum Jakobusgrab in Santiago de Compostela in Spanien war. Die Jakobikirche,

ursprünglich als Basilika mit Doppelturmanlage geplant, wurde
schließlich als Stufenhalle mit Mittelturm errichtet. Der ehemals
spitze Turm mußte 1628 wegen Baufälligkeit abgebrochen werden. 30 Jahre später erhielt er seine barocke Form mit den
Kugeln am Helmansatz. Auch der Dachreiter stammt aus dem
17. Jahrhundert.
Der Innenraum besticht durch die klare Gliederung. Die farbi-
gen Gewölberippen betonen das nur wenig erhöhte Mittelschiff.
Die 1889 entdeckten Pfeilermalereien gehen zurück auf das 14.
Jahrhundert. St. Jakobi hat den Zweiten Weltkrieg unbeschadet
überstanden, besitzt also noch weitgehend seine alte Ausstattung. Dazu gehören vor allem die historischen Orgeln. Bei ihnen
sind nicht nur die Gehäuse alt, auch ein Großteil der historischen
Pfeifensubstanz ist erhalten. Die große Orgel stammt aus der
Zeit um 1460, das Hauptwerk ist von 1504. Die Empore mit den
14 Tafelbildern wurde zwischen 1639 und 1649 gebaut. Die
kleine Orgel an der Nordwand, die sogenannte Stellwagenorgel,
ist eines der am besten erhaltenen Instrumente des 16. und 17.
Jahrhunderts. Beide Orgeln wurden in jüngster Zeit restauriert.
Der Barockaltar von Hieronymus Jakob Hassenberg entstand
nach dem Vorbild des Fredenhagenaltars der Marienkirche. Bürgermeister Hermann Rodde stiftete ihn 1717. Rechts daneben findet man als Besonderheit den Stuhl des Ratsherrn Johann Span-
genberg von 1576 mit reich verziertem Baldachin auf zwei korin-
thischen Säulen. Die Kanzel entstand 1697/98. Am Ende des
Mittelganges steht die kunstvolle Taufe mit einem Bronzefaß,
das von Engeln getragen wird (1466), und dem geschnitzten
Deckel. In der nördlichen Turmkapelle hat das letzte Rettungs-
boot der „Pamir", die im September 1957 im Atlantik sank,
einen Ehrenplatz erhalten − St. Jakobi ist seit alters Lübecks
Seefahrerkirche.
In der Kapelle zwischen Eingang und Sakristei verdient der
Brömse-Altar besondere Beachtung. Bürgermeister Heinrich
Brömse erwarb 1488 das Nutzungsrecht der Kapelle und gab den
Altar in Auftrag. Mittelteil und Predella, wie der Sockel eines
Flügelaltars genannt wird, sind feine Sandsteinarbeiten. Das

Aus der Engelsgrube steigt man zum Koberg mit der gotischen Jakobikirche hinauf. Der Name der Gasse deutet darauf hin, daß in der Nähe einst die Engländer anlegten; eigentlich müßte es also „Englische Grube" heißen.

In der alten Seefahrerkirche St. Jakobi, die den Krieg unbeschadet überstand, findet man noch die historischen Orgeln, die in der Geschichte der Norddeutschen Orgelbewegung nach 1925 eine wichtige Rolle spielten.

Karfreitagsgeschehen ist äußerst plastisch dargestellt. Die bemalten Seitenflügel zeigen die Stifterfamilie.

Weitere bedeutende Kunstwerke im Kircheninneren sind das große Wandgemälde „Christus segnet die Kinder" von Johann Heinrich Schwartz (1690) in der Einsegnungskapelle, die Prozessionsleuchter unter der kleinen Orgel und die Einlegearbeiten in der Halle unter dem Turm. Zwischen Kirche und Koberg steht eine schöne Gruppe gotischer Giebelhäuser. Diese sogenannten Pastorenhäuser wurden 1602/04 gebaut und dienen heute nach gründlicher Sanierung als Gemeindezentrum. Freigelegt wurden bei der Restaurierung alte Malereien an Decken und Balken.

St. Aegidien

St. Aegidien, die kleinste der alten Stadtkirchen, steht unter einer Baumgruppe im einstigen Viertel der Handwerker und Ackerbürger. Urkundlich erwähnt wurde sie wie St. Jakobi erstmals 1227. Die heutige Kirche, eine dreischiffige Hallenkirche mit schmalen Seitenschiffen, stammt aus dem ersten Drittel des 14. Jahrhunderts. Der Turm weist die gleiche Geschoßteilung auf wie der von St. Marien. Der gotische Chor wurde im 15. Jahrhundert angefügt. Die überwiegend weiß getünchte Kirche wird durch die farbige Ausstattung belebt. Im Chor sind gotische Wandmalereien freigelegt worden.

Beim Betreten steht man sofort vor dem breiten Lettner, der in St. Aegidien schon immer als Singechor bezeichnet wurde. Der Lettner ist das Hauptwerk des Meisters Tönnies Evers, entstanden 1586/87. In den Nischen und Zwickeln, zwischen den Gemäldefeldern, sieht man Christus und die Apostel, ferner allegorische Tugenddarstellungen. Auf den Gemälden sind Szenen der Heilsgeschichte abgebildet.

Vor dem Turm baut sich die mächtige Orgelfassade auf. Wie der Bug einer Hansekogge schiebt sich das alte, mit musizierenden Engeln geschmückte Gehäuse in den Raum. Es ist der letzte im Westen erhaltene sogenannte Hamburger Prospekt des Orgelbauers Hans Scherer, angefertigt vom Lübecker Schnitzer

Michael Sommer in den Jahren 1625/26. Hinter der imponierenden Fassade verbirgt sich allerdings eine moderne Orgel, 1982
von der Firma Klais gebaut (42 Register).

1701 erhielt die Kirche ihren Barockaltar. Er ist 1992/93 gründ-
lich restauriert worden. Auch hierbei handelt es sich um eine
Arbeit, bei der der Altar von St. Marien als Vorbild diente. Wie
am Altar vermerkt, stiftete ihn die Kaufmannswitwe Agneta
Scherer. Kanzel (1706/08) und Taufe (1710) sind ebenfalls Arbeiten aus dem Barock, das Tauffaß ist allerdings älteren Datums.
Weitere Ausstattungsstücke sind Epitaphien, Pastorenbilder,
gotische Kruzifixe, Grabplatten, Kronleuchter. Das älteste
Kunstwerk ist ein Christusrelief, das seinen Platz unter dem
Lesepult erhalten hat. Die Figur stammt vermutlich aus dem frühen 13. Jahrhundert. Erhalten sind ferner zwei hohe gotische
Stühle. Unter dem Lettner steht der „Pastorenstuhl" mit Maß-
werk und Baldachin, den Stuhl der Weißbrauer findet man links
neben der Orgel. An der Seitenwange ist das Zunftzeichen, die
Schöpfkelle, zu sehen. Auch das Kastengestühl ist weitgehend
erhalten, da die Kirche im Krieg zwar beschädigt wurde, aber
nicht ausbrannte.

St. Petri

Um ein Haar wäre die Petrikirche dem Zweiten Weltkrieg zum
Opfer gefallen. Von dem Gebäude standen bei Kriegsende nur
noch die Außenmauern, so daß in der Bürgerschaft über den
Abbruch diskutiert wurde. Die freistehenden Mauern hätten bei
starken Stürmen umstürzen und Passanten gefährden können,
hieß es. Allerdings fanden sich damals auch Stimmen, die für die
Erhaltung von St. Petri plädierten. 1960, nachdem die Marienkirche wiederaufgebaut war, erhielt St. Petri ein Notdach über
gesicherten Mauern und neuen Gewölben. Dann allerdings
wurde die Kirchenbauhütte für den Wiederaufbau des Domes
abgezogen. St. Petri versank fast ein Vierteljahrhundert in einen
Dornröschenschlaf. Lediglich der in den fünfziger Jahren einge-
baute Fahrstuhl bewegte sich. Er bringt bis heute Tausende von

Besuchern auf den einzigen Aussichtspunkt über der Stadt. In 50
Meter Höhe hat man einen herrlichen Blick über das Meer alter
und neuerer Dächer.

Die St.-Petri-Gemeinde war bald nach dem Krieg zwischen St.
Marien und dem Dom aufgeteilt worden, so daß die Kirche
eigentlich nicht mehr gebraucht wurde. Sie hatte deshalb kaum
Fürsprecher. Der Musikhochschule, die in unmittelbarer Nähe
in einem sanierten Häuserblock untergebracht werden sollte,
wurde das Gebäude als Konzertsaal angeboten. Die Landesre-
gierung winkte ab. 20 Jahre nach den ersten Ausbesserungen
zeigten sich wieder Risse in den Gewölben. Erst die Gründung
des St.-Petri-Bauvereins, einer privaten Initiative, beendete 1983
den Dornröschenschlaf. Der Verein sammelte Geld, die öffentliche Hand und der Kirchenkreis taten das ihre hinzu. Das
Gebäude wurde „von oben nach unten", von den Gewölben bis
zum Fußboden, überarbeitet beziehungsweise wiederaufgebaut.
Am 12. September 1987 konnte das gotische Gotteshaus wieder
eingeweiht werden. St. Petri, die Kirche ohne Gemeinde, erfüllt
seitdem eine besondere Funktion. Sie dient in vielfältiger Weise
der Begegnung zwischen Kirche und Kultur, insbesondere zwischen Kirche und bildender Kunst, Kirche und Literatur. Sie ist
Kirche der „Dienste und Werke", aber auch Festraum der Bür-
gergemeinde. Ein leeres Gotteshaus ohne festes Gestühl in strah-
lender Helligkeit ist etwas Besonderes. Es gibt Menschen, die
hier in aller Stille den Raum genießen und zur Ruhe kommen.
Ausstellungen moderner Kunst, Lesungen, Diskussionen, Kon-
zerte füllen die Kirche zu anderen Zeiten.

Die Petrikirche wird in alten Akten bereits 1170 erwähnt. Sie war
als zweite Marktkirche neben St. Marien nötig geworden, als die
Bevölkerung der jungen Stadt sprunghaft wuchs. Um 1250 war
St. Petri eine dreischiffige romanische Hallenkirche mit halbrunden Apsiden. Ab 1300 wurde sie zu einer gotischen Halle
umgebaut, ab 1350 wurden den Seitenschiffen zahlreiche Kapellen angefügt. Diese Kapellen bezog man später unter einem großen neuen Dach mit in den Raum ein. Die Zwischenwände wurden entfernt, die Decken der Kapellen auf die Höhe der übrigen

St. Petri liegt, umgeben von schattigen
Bäumen, auf einem Hügel, zu dem
enge Gassen hinaufführen.

drei Schiffe angehoben. Auf diese Weise entstand, in dieser
Form nie geplant, eine fünfschiffige Halle. Der fast quadratische
Raum, dessen 30 Gewölbe auf den Außenwänden und 20 schlanken gotischen Säulen ruhen, ist nahezu richtungslos. Er erweckt
den Eindruck von großer Harmonie, was angesichts der Bauent-
wicklung erstaunt. Immerhin ist seine Gestalt ein „Zufallsergeb-
nis". Die weiß getünchte Kirche, die nur wenige Malereireste
aufweist, erhielt einen lebendig wirkenden Fußboden aus rotbraunen Ziegeln mit hellen Fugen. Eine inzwischen gestiftete
Pfeifenorgel kann mit Hilfe modernster Technik im Chorraum
bewegt werden. Als „Citykirche" ist St. Petri inzwischen weit
über Lübeck hinaus bekannt.

St. Katharinen

St. Katharinen, einst Mittelpunkt der Franziskaner im Ostseeraum, ist für eine Bettelordenskirche sehr reich ausgestattet. Die
gotische Kirche verdankt ihr Entstehen reichlich fließenden
Spenden während mehrerer Pestepidemien. Aus Angst um ihr
Seelenheil warfen Menschen Geld über die Mauern, die das Ka-
harinenkloster umgaben. Die gotische Basilika ist in zwei
Abschnitten errichtet worden. Zwischen 1300 und 1330 entstand
der Chor, ab 1335 wurde das Langhaus angefügt. Das Gebäude
mußte sich dabei den vorhandenen Straßenfluchten anpassen,
was zur Folge hatte, daß insbesondere das nördliche Seitenschiff
sehr schmal geraten ist − es mußte geradezu zusammenge-
quetscht werden. Auch das nur angedeutete, nicht ausgebaute
Querhaus dürfte auf diesen Umstand zurückzuführen sein. Da
die Bettelorden keine Türme errichten durften, erhebt sich über
der Vierung der schlanke Dachreiter aus dem 14. Jahrhundert.
Die Westfassade von St. Katharinen ist schichtweise aus glasierten Ziegeln und normalen Backsteinen errichtet. Analog zu den
drei Schiffen sind in der Fassade drei Portale sichtbar. Das linke
Portal war allerdings immer vermauert. Daß die Symmetrie
fehlt, fällt beim flüchtigen Hinschauen kaum auf, wird aber an
der unterschiedlichen Zahl von Nischen rechts und links der Mit-

telfenster deutlich. Die Figuren in diesen Nischen sollte Ernst Barlach schaffen. Er konnte den Fries nicht vollenden, da seine Arbeiten von den Nazis als „entartete Kunst" eingestuft und verboten wurden. Die drei von ihm ausgeführten Figuren, entstanden zwischen 1930 und 1932, wurden nach dem Krieg aufgestellt (in den linken Nischen). Sie tragen die Titel „Frau im Wind", „Bettler" und „Singender Klosterschüler". Gerhard Marcks vollendete später den Fries.

Klosterkirche war St. Katharinen bis 1531. Nach der Reformation wurde in den Klostergebäuden Lübecks erste bürgerliche Lateinschule eingerichtet, um 1620 ferner die erste öffentliche Bibliothek. Die Kirche gehört seit der Reformation der Stadt und ist heute der Museumsverwaltung unterstellt. Sie wird für Ausstellungen genutzt und dient dem Katharineum als Schulkirche. Im Inneren fällt eine Besonderheit auf. Der Chorraum im Osten ist in der Höhe geteilt. Der gewölbte Unterchor diente als Grablege. Im Oberchor, der auf vielen schlanken Säulen ruht, versammelten sich die Mönche zu ihren Stundengebeten. Über den Tafelbildern an der Brüstung des Oberchores erhebt sich ein Triumphkreuz aus dem Jahre 1489. Auf seiner Rückseite, früher also den Mönchen zugewandt, ist der Gekreuzigte als Malerei wiederholt. Maria und Johannes unter dem Kreuz stammen aus einer älteren Gruppe, die um 1450 entstanden sein dürfte.

Die Kanzel aus dem Jahre 1669 steht erst seit 1899 in dieser Kirche. Sie stammt aus der alten Kirche St. Lorenz am Bahnhof. Pfeiler und Wände sind von Epitaphien, also Gedenktafeln für Verstorbene, geziert. Bekannt ist das Gemälde „Die Auferweckung des Lazarus" vom Venezianer Iacopo Tintoretto. Lübecker Kaufleute erwarben das 1576 gemalte Bild und brachten es in ihre Vaterstadt. Die Ausmalungen der Gewölberippen und Bögen wurden in den achtziger Jahren freigelegt.

Die Grabplatten in der Kirche belegen, daß hier vom 14. bis ins 18. Jahrhundert bestattet wurde. Die große St.-Jürgen-Gruppe am Eingang ist der Gipsabguß einer Arbeit von Bernt Notke, 1489 für die deutsche Kirche in Stockholm geschaffen, wo sich das Original noch immer befindet.

Bürgerstolz und seine Bauten

Das Rathaus

Das Rathaus hat im Laufe der Jahrhunderte durch An- und Umbauten seine heutige Gestalt bekommen. Auf dem höchsten Punkt des Stadthügels begannen die Kaufleute bald nach der Stadtgründung mit einem Rathausbau, von dem nichts mehr erhalten ist.

Ab 1230 entstand das älteste noch in Resten nachweisbare Rathaus. Es bestand aus drei parallel angeordneten zweigeschossigen Backsteingebäuden mit Stufengiebeln zum Markt und zur Marienkirche hin. Ende des 13. Jahrhunderts wurde dieser Bau, von dem noch Fenster- und Türbogen unter den Arkaden am Markt zu sehen sind, um einen Festsaal erweitert. Der Rat ließ nach Süden einen Flügel anbauen. Da die Goldschmiede hier ihre Buden hatten, wurde der Saal, das „Lange Haus" oder „Danzelhus", auf Granitsäulen gesetzt. Darunter, zu ebener Erde also, standen bis 1868 die Buden der Goldschmiedezunft. Bei besonderen Märkten werden bis heute zwischen den Säulen Verkaufsstände aufgeschlagen.

Von der Mitte des 14. Jahrhunderts an versammelten sich, wie schon erwähnt, die Vertreter der Hansestädte regelmäßig zu ihren Tagungen in Lübeck. Das Rathaus wurde in dieser Zeit wiederum erweitert, und zwar um den Hansesaal. 1435 wurde die Marktseite erhöht, die Wand wurde mit drei spitzen Türmen, den sogenannten Riesen, versehen. Zur Entlastung vom Winddruck ließ Stadtbaumeister Nikolaus Peck große Löcher in die Wand schneiden. Den Abschluß zur Marienkirche bildet seitdem eine aus glasierten Steinen gemauerte Schauwand, die zum Vorbild für andere Rathäuser im Ostseeraum wurde. Der Eingang war inzwischen vom Markt zur Breiten Straße verlegt worden. Bedeutende Renaissance-Elemente weist das Rathaus nach Süden und nach Osten auf. Im Süden, an der Marktseite, ent-

Historische Bausubstanz aus verschie-
denen Jahrhunderten findet man am
Markt: links die Türme von
St. Marien, davor die Schauwand des
Rathauses mit den Windlöchern und
Renaissancevorbauten, vorn links der
wiederaufgebaute Kaak, der im Mittel-
alter als Pranger diente.

stand 1570/71 die Laube, im Osten, zur Breiten Straße hin, wurde 1594 eine Prunktreppe angefügt.

Man betritt das Rathaus durch eine offene Vorhalle mit Kreuzgewölbe. An den Türen befinden sich zwei vielbewunderte Beschläge. Es sind Kopien der Originale von 1347, die in der Werkstatt von Hans Apengeter entstanden. Apengeter („Affengießer") nannte man jene Meister, die sich auf den Guß von Figuren verstanden. Die Beschläge zeigen den Kaiser, umgeben von den sieben Kurfürsten des Reiches. Die Bänke neben dem Eingang sind ebenfalls von Bronzebeschlägen geziert. Links ist wiederum der Kaiser zu sehen, auf der rechten Seite der sogenannte Wilde Mann mit dem Stadtwappen. Die Eingangshalle selbst wurde 1881 neugotisch umgestaltet. Wandgemälde des Berliner Historienmalers Max Koch an den Aufgängen zeigen die Einsetzung des Rates durch Heinrich den Löwen sowie die Einholung des Privilegienbriefes im Jahre 1188.

Das Schmuckstück des Rathauses ist der Audienzsaal im Erdgeschoß. Hier tagte früher das Obergericht, während das Niedergericht seine Sitzungen draußen in der sogenannten Laube am Markt hielt. Den Audienzsaal in der heutigen Form schuf Stadtbaumeister Johann Adam Soherr 1755 in reinem Rokoko. Neben der Stuckdecke beeindrucken die Gemälde von Stefano Torelli aus Bologna, der in Dresden als Hofmaler tätig war. Die Gemälde in Lübeck, entstanden zwischen 1759 und 1761, stellen vor dem Hintergrund südlicher Landschaften die Tugenden dar. An der Westwand sind die „acht Tugenden einer guten Stadtregierung" zu sehen, nämlich (von Nord nach Süd) Freiheit, Barmherzigkeit, Gerechtigkeit und Frieden, Einigkeit, Vorausschau, Klugheit, Mäßigkeit, Verschwiegenheit. Neben der Tür sind Handel und Künste symbolisch abgebildet. Träger der Allegorien sind Frauengestalten. Nur bei der Verschwiegenheit wählte Torelli einen Mann, einen römischen Krieger.

Den nördlichen Teil des Saales schließt die hölzerne Schranke ab. Auf dem erhöhten hinteren Teil saß das Gericht. Daß hier einst Gericht gehalten wurde, daran erinnert auch das Portal, ein Meisterwerk des Schnitzers Tönnies Evers d. Ä., das einzige

Stück der früheren Renaissanceausstattung des Saales. Die Türflügel sind unterschiedlich hoch. Man sagt, wer freigesprochen wurde, konnte erhobenen Hauptes und mit Hut den Saal verlassen; natürlich durch die hohe Tür. Der Verurteilte wurde durch die niedrige Tür abgeführt. Auf den Türflügeln findet man allegorische Darstellungen von Gerechtigkeit und Liebe, über der Tür das „Salomonische Urteil". Von der Eingangshalle her erblickt man über dem Portal – ebenfalls von Tönnies Evers aus Holz geschnitzt – Christus als Weltenherrscher, an den Seiten große Standfiguren, Gerechtigkeit und Weisheit. In einem Fries aus Stein sind neben der Tür Samsons Kampf mit dem Löwen sowie Phyllis, auf Aristoteles reitend, zu sehen, ferner zwei „Wilde Männer" mit Stadtwappen.

Völlig neu gestaltet wurde zwischen 1887 und 1891 das Obergeschoß. Hier entstand der Saal für die Bürgerschaft, das Kommunalparlament der Hansestadt. Die reichgeschnitzte Decke und das bleiverglaste große Oberlicht zeugen von solider Handwerkskunst. An den Stirnwänden sind weitere Gemälde von Max Koch zu sehen: der Empfang der Gesandten mit dem Reichsfreiheitsbrief von 1226 und der Einzug Kaiser Karls IV. in Lübeck anno 1375. An den Bürgerschaftssaal schließt sich der Rote Saal an, in dem der Senat einmal wöchentlich tagt. Das Kolossalgemälde von Hans Bohrdt stellt die Seeschlacht bei Gotland von 1564 dar: Die Besatzung des Lübecker Schiffes „Der Engel" entert das schwedische Admiralschiff „Makeleos".

Zu den ältesten Teilen des Rathauses gehören die Keller. Die Zwischenwände sind später eingezogen worden. Ursprünglich diente der Keller als Lager für den Weinhandel, den der Rat betrieb. Bald kam eine Schankstube hinzu. Die schweren Kreuzgratgewölbe in Nord-Süd-Richtung gehören zum ältesten Teil, ebenso die massiven Pfeiler, die das Rathaus tragen. Jüngere Keller tragen spitzbogige Grate. Der Ratsbierkeller wird auch Germanistenkeller genannt. 1847 nämlich tagte in Lübeck die „Deutsche Germanistenversammlung". Man beriet zwar in der reformierten Kirche, traf sich aber abends im Ratskeller zum Bier. Auffallend ist in der Diele das mächtige, auf vier Löwen

Der Fassade des Rathauses mit der Schauwand aus glasierten Steinen aus dem 15. Jahrhundert wurde Ende des 16. Jahrhunderts ein Renaissance-Erker mit Treppe vorgesetzt.

Das Heiligen-Geist-Hospital war eine
der ältesten Sozialeinrichtungen
Deutschlands; oben: Blick in die Kirchenhalle nach Norden; links: Stim-
mungsvoll wird es alljährlich während
des Weihnachtsmarktes.

ruhende geschnitzte Weinfaß. Es stammt aus dem Jahre 1899 und
wurde 1909 von einer Lübecker Weinhandelsfirma gestiftet. Das
14eckige Faß war innen so abgeschottet, daß es zwölf verschiedene Weinsorten fassen konnte. Zierde eines Nebenraumes, des
sogenannten Brautgemaches, ist ein Sandsteinkamin von 1575.
Bei den plastischen Darstellungen fallen Hahn und Henne auf.
Darunter liest man den Sinnspruch: „Menich Man lude singhet,
wen men em de Brut bringet. Weste he wat man em brochte, da
he wol wenen mochte!" Sinngemäß lautet die Übersetzung in
heutigem Deutsch: „Mancher Mann singt froh und laut, bringt
man ihm ins Haus die Braut. Wüßte er, was man ihm brachte, er
wohl weinte und nicht lachte."

Das Heiligen-Geist-Hospital

Ein erstes „Haus zum Heiligen Geist" stand am Rande des Dom-
viertels, an der Ecke Marlesgrube/Pferdemarkt. Es wurde beim
Stadtbrand von 1276 zerstört. Den Neubau errichteten die Bürger
nicht mehr in der Nähe des Bischofs, der ihnen nur zu gern
dreinregierte. Immerhin war das Haus, eine der ältesten deutschen Sozialeinrichtungen, eine bürgerliche Gründung. Der
Neubau wurde deshalb an den Koberg verlegt. Die große Anlage
mit Kirche, Langhaus, Wirtschafts- und Nebengebäuden erfor-
derte eine längere Bauzeit. Die Kirchenhalle dürfte 1286 fertig
gewesen sein, die übrigen Gebäude folgten bald. In dem Hospital fanden Kranke, Alte und Arme Aufnahme. Sie lebten nach
strengen Regeln. Im Langhaus, wo die Betten standen, wurden
selbst Ehepaare getrennt. Auf der einen Seite standen die Betten
für die Männer, auf der anderen die der Frauen. Erst im frühen
19. Jahrhundert wurden die oben offenen hölzernen Kammern
eingebaut, die die Lübecker Kabäuschen nennen. Sie boten so
etwas wie eine Privatsphäre, doch auch hier gab es einen Män-
ner- und einen Frauengang.
Die Kabäuschen wurden bis in die sechziger Jahre unseres Jahrhunderts genutzt. Dann wurde das Hospital gründlich saniert,
Altenwohnungen wurden in die umliegenden Gebäude gebaut.

Heute leben hier 85 alte Menschen in Einzel- und Doppelzimmern. In der Kirche finden von Zeit zu Zeit Ausstellungen und andere Veranstaltungen statt. Die bekannteste ist der Weihnachtsmarkt im Advent, ein Kunsthandwerkermarkt, zu dem selbst aus Skandinavien viele Reisebusse kommen.

Kirchenhalle und Langhaus sind auch in der übrigen Zeit zu besichtigen. Die Kirche steht quer zur Straße. Es ist eine gotische Halle mit drei Schiffen von nur zwei Joch Tiefe. Die alten Wandmalereien sind in jüngster Zeit restauriert worden. Fresken aus dem 14. Jahrhundert an der Nordwand zeigen Christus in der Mandorla, also in einem mandelförmigen, die ganze Figur umgebenden Heiligenschein, mit Evangelistensymbolen und die Erhöhung Mariens. Im Südschiff sind die Dreifaltigkeit, Mariä Verkündigung und die heilige Barbara abgebildet. Die überlebensgroßen Figuren der Ostwand, teilweise nicht mehr voll zu sehen, stellen Bischöfe und Heilige dar. Der heiligen Elisabeth begegnet man auf den Tafelbildern der Lettnerbrüstung. In den Zwickeln des Lettners stehen Apostel, Heilige und Figuren der Heilsgeschichte aus der Mitte des 15. Jahrhunderts.

An der Nordwand, unter dem thronenden Christus, steht ein Flügelaltar mit Schnitzarbeiten, der Allheiligen-Altar, entstanden um 1500. Die runden Fenster rechts und links neben dem Eingang sind mit dem Lamm und der Madonna geschmückt. Andere Fenster zeigen die Wappen von Vorstehern dieser Stiftung des Bürgertums. Vom Ende des Langhauses, dessen Dachkonstruktion beeindruckt, kommt man in einige Gewölbekeller. Andere Keller werden seit 1955 gastronomisch genutzt.

Das Holstentor

Das Holstentor am westlichen Traveufer bildete den Hauptzugang zur mittelalterlichen Stadt. Das jetzige Tor wurde zwischen 1466 und 1478 von Stadtbaumeister Heinrich Helmstede errichtet. Das Brückenbollwerk ersetzte das bereits 1366 in einer Urkunde erwähnte Außentor. Mitte des 16. Jahrhunderts wurde beim Ausbau der Verteidigungsanlagen vor dem Tor ein Wall aufgeworfen und mit einem neuen Außentor gesichert. Im Zuge des Baus der Bastionen entstand 1636 ein weiterer Vorwall mit Tor. Die Wälle wurden im vorigen Jahrhundert beim Bau der ersten Eisenbahn von Lübeck nach Hamburg weitgehend geschleift. Der erste Bahnhof lag nämlich in der Nähe des Holstentorplatzes. Erhalten geblieben ist lediglich das innere Tor. Früher führte der Verkehr natürlich durch das Tor in die Holstenstraße, heute wird er beidseitig außen herumgeführt.

Zur Landseite hin besitzen die Rundtürme des Holstentors Mauern von dreieinhalb Meter Stärke. Aus ihren Schießscharten schauten früher die Rohre von Kanonen, die allerdings nie eingesetzt wurden, weil Wälle und Vortore schützten. Auf der Stadtseite ist die Mauer nur einen Meter dick. Viele Besucher wundern sich, daß die Türme so schief sind. Die Schieflage ist nicht erst in jüngster Vergangenheit entstanden. Der morastige Untergrund gab schon zur Zeit des Bauens nach, obwohl er mit Granitpackungen versteift und das Tor auf Balkenroste gesetzt wurde.

Ein Zwischentrakt verbindet die kegelförmigen schiefergedeckten Türme. Der Stufengiebel erhielt 1864 seine heutige Form. Die Inschrift CONCORDIA DOMI FORIS PAX (Eintracht im Innern, Friede nach draußen) wurde vom abgebrochenen Vortor übernommen. Zur Stadtseite liest man die Buchstaben S. P. Q. L. Es ist die Abkürzung für „Senatus populusque Lubicensis", „Senat und Volk von Lübeck". Nicht jeder spricht in Lübeck Latein. Die volkstümliche Deutung der Buchstaben lautet deshalb „Schlechtes Pflaster quält Lübeck". Die Stadtseite weist drei horizontal angeordnete Reihen von Fenstern und Arkaden auf. Auffallend sind die schön gearbeiteten Terrakottafriese. In einer Nische der mittleren drei Fialen hat eine Madonna ihren Standort.

Das Vortor — ein Modell ist im Holstentor zu sehen — wurde 1853 abgerissen. Seinerzeit wäre fast auch das Innentor abgebrochen worden. 1855 war nämlich ein Stück des Südturmes herabgestürzt, woraufhin die Bürgerschaft einen Antrag an den Senat stellte, das stark baufällige „Relikt aus Vätertagen" niederzule-

So grüßt Lübeck den Besucher, der mit
der Bahn anreist. Das Holstentor war
einst Hauptzugang zur Stadt. Rechts
dahinter sieht man die alten Salzspeicher, links die Türme der Hauptpfarrkirche St. Marien, rechts den Petriturm
mit seiner Aussichtsplattform in 50
Meter Höhe.

gen. Der Senat beauftragte vor einer Entscheidung seinen Stadt-
baudirektor, die Standsicherheit zu untersuchen. 1862 lag das
Ergebnis vor: Die Türme senkten sich unterschiedlich stark; das
Tor sei jedoch mit einer gründlichen Sanierung zu retten.

In Lübeck war inzwischen ein Verein der Freunde des Holstentores ins Leben gerufen worden, der kräftig die Trommel rührte
und auch Geld sammelte. Am 15. Juni 1863 debattierte die Bürgerschaft die Frage des Abrisses. Nach den Redebeiträgen hiel-
ten sich Pro und Kontra die Waage. Die Auszählung der Stimmen
ergab, daß sich 42 Bürgerschaftsabgeordnete für die Sanierung,
41 für den Abriß entschieden hatten. Nur eine einzige Stimme
gab also den Ausschlag, daß das Holstentor erhalten blieb. Vielleicht lieben die Lübecker ihr schiefes Tor heute deshalb so sehr,
weil es fast verschwunden wäre. Die Sanierung erfolgte in den
Jahren 1864 bis 1871. Das Außenmauerwerk wurde aus schwarzen und roten glasierten Ziegeln neu aufgeführt. 1931 war eine
erneute Sanierung nötig. Dabei wurden Stahlstützen eingezogen,
die für einen sicheren Stand der Türme sorgen.

Das Holstentor hat im Laufe seiner Geschichte verschiedenen
Zwecken gedient. Natürlich war es zunächst das Haupttor zur
Stadt, das bewacht und abends geschlossen wurde. Das Wach-
personal wohnte im Tor, wie auch Zöllner und andere Bedien-
stete des Senats. Später wurden dort Geisteskranke untergebracht. Heute gehört das Holstentor zum Museum für Kunst und
Kulturgeschichte. Es ist eines der am meisten besuchten
Museen, da es zum Lübeckprogramm vieler Schulklassen
gehört (siehe S. 83).

Der Vorplatz des Tores ist mehrfach umgestaltet worden. Vor
dem Tor, Richtung Hauptbahnhof, ist eine Grünanlage entstanden. Ihren Eingang zieren zwei gußeiserne Löwen des Bildhau-
ers Christian Daniel Rauch. Sie standen früher am Klingenberg,
vor dem 1942 zerstörten Hotel „Stadt Hamburg", dem einst
ersten Haus am Platze.

Wer vom Bahnhof her auf das Holstentor zugeht, überquert
zunächst den Stadtgraben. Die mit Figuren gezierte Brücke, ein
Neubau von 1907 anstelle älterer Brücken, trägt den Namen Pup-

penbrücke. Puppen nämlich nennen die Lübecker die Figuren
von Dietrich Jürgen Boy, deren Kopien die Brücke zieren. Die
Originale, entstanden zwischen 1774 und 1776, stehen im Garten
des St.-Annen-Museums. Die Figuren auf der linken Seite (vom
Bahnhof her gesehen) stellen Neptun, die Freiheit, Merkur und
den Frieden dar. Rechts sehen wir die Klugheit, einen Römer als
Symbol der Tapferkeit, die Eintracht und den Flußgott Trave.
Die Reliefs auf den vier Vasen allegorisieren Wissenschaft und
Künste, Vaterlandsliebe, Ackerbau und Viehzucht sowie Fleiß
und Sparsamkeit.

Die Salzspeicher

Eine einheitlich wirkende Häusergruppe stellen die alten Salzspeicher in der Nähe des Holstentores dar, die im wesentlichen
aus dem 16. und 17. Jahrhundert stammen. Sie wurden errichtet,
um das Salz der Lüneburger Salinen zu lagern, das auf flachen
Kähnen über den Stecknitzkanal nach Lübeck kam. Das Salz
wurde in Lübeck zu großen Transporten zusammengestellt und
über die Ostsee verschifft. Da Skandinavien keine Steinsalzvor-
kommen hat, andererseits Salz als Konservierungsmittel für den
Fisch brauchte, entwickelte sich ein reger Handel. Die seegängi-
gen Schiffe brachten auf der Rückreise große Mengen von Hering mit. Als Fastenspeise des Mittelalters war der Hering überall in Mittel- und Westeuropa begehrt. Mancher Lübecker Kaufmann verdankte seinen Wohlstand dem Fisch und dem Salz, dem
„weißen Gold“.
Ursprünglich standen an der Trave schmale Heringshäuser, die
der Stadt gehörten. Die Salzhändler erwarben die Grundstücke
und errichteten anstelle der Heringshäuser die geräumigen Speicher. Später dienten sie als Korn- und Holzlager. Inzwischen ist
ein Textilkaufhaus eingezogen. Obwohl die Gebäude durch
Schaufenster und Vitrineneinbauten beeinträchtigt sind, bieten
sie insbesondere an der Wasserseite mit ihrer eng aneinanderste-
henden Giebelfront immer noch ein beeindruckendes Bild. Der
älteste Speicher stammt aus dem Jahr 1579. Es ist der nördlich-

Städtische Heringshäuser bauten
Lübecker Fernhandelskaufleute zu
Salzspeichern um. Einzelheiten der
Fassaden sieht man besonders gut im
Frühling, wenn die Bäume noch kein
Laub tragen.

ste, am nächsten zum Holstentor hin gelegene. Die Zahl 1694, die an der Traveseite zu finden ist, weist auf das Jahr einer Restaurierung hin. Für den Einbau einer Fußgängerpassage wurde in unserem Jahrhundert das Erdgeschoß durchbrochen. Nach Süden schließt sich der Speicher von 1599 an, ebenfalls mit einem Treppengiebel geschmückt. Er und der dritte, erbaut im Jahre 1600, fallen durch vielgliedrige Fensterfronten auf. Der dritte und der vierte Speicher (1594) wurden im 18. Jahrhundert durch Veränderung der Giebel den beiden südlichen angeglichen. Sie sind die jüngsten (um 1745).

Das Burgtor

Wie das Holstentor ist auch das Burgtor der innere Teil einer ursprünglich größeren Anlage, die die Stadtinsel an ihrem einzigen Landzugang schützte. Hier hatten, auch aus strategischen Gründen, Herzog Adolf von Schauenburg und Heinrich der Löwe ihre Burg gebaut; 1224 wurde erstmals ein Torturm bei der Burg erwähnt. Ratsbaumeister Nikolaus Peck errichtete den heute noch vorhandenen quadratischen Backsteinturm im Jahre 1444. Die tonnengewölbte Straßendurchfahrt wurde 1850 vergrößert. Um den Anforderungen des Verkehrs gerecht zu werden, mußte 1928 eine zweite Durchfahrt in das Erdgeschoß des Tores gebrochen werden. Gleichzeitig wurde auf der Marstallseite eine weitere Fußgängerpassage angelegt, nachdem auf der östlichen Seite, beim früheren Zöllnerhaus, bereits 1875 eine Passage durch die Mauern gebrochen worden war.

Der Torturm besteht aus fünf reichgegliederten Geschossen über den Durchfahrten. Die schichtweise unterschiedlich glasierten Ziegel lockern die strengen Flächen weiter auf. Auf der Feldseite, vom Gustav-Radbruch-Platz her, kann man im dritten Obergeschoß zwei Lübecker Wappen entdecken. Hölzerne Arme weisen von den Ecken her auf sie hin. Ursprünglich bildete ein spätgotischer spitzer Helm mit Erkern den Abschluß des Turmes. Die schiefergedeckte glockenförmige Barockhaube erhielt das Burgtor im Jahre 1685. Von der Stadtseite her bildet das Tor

zusammen mit den angrenzenden Gebäuden einen harmonischen
Abschluß der Burgstraße. Links (von der Stadt her gesehen)
schließen sich die Marstallgebäude an. Einen ersten Marstall für
die Pferde und Fuhrwerke des Rates gab es seit 1298. 80 Jahre
später wurde er nach einem Brand neu errichtet, später mehrfach
umgebaut. Die Hofflügel entstanden Anfang des 19. Jahrhunderts. 1856 wurde hier ein Gefängnis eingerichtet.

Rechts schmiegt sich an das Tor das Zöllnerhaus von 1571 an.
Die Terrakottafriese mit den Wappen Lübecks und Mecklenburgs stammen aus der Werkstatt des Statius van Düren. 1912 bis
1928 lebte hier die Schriftstellerin Ida Boy-Ed, die zu den ersten
selbständigen Frauen der städtischen Gesellschaft gehörte. Sie
war eine frühe Förderin von Thomas Mann, der in jungen Jahren
in ihrem Salon verkehrte. Jahrzehntelang diente die Wohnung
dann als Atelier für den Geigenbauer Paul Helwig und seine Frau
Allen Müller-Helwig, eine der bekanntesten deutschen Kunst-
weberinnen. Auch heute noch ist ein Atelier für Webkunst in den
historischen Mauern zu finden.

Die Schiffergesellschaft

Eines der schönsten Gebäude in der Nähe des Kobergs ist das
Haus der Schiffergesellschaft, kurz „die Schiffergesellschaft"
genannt. Viele Lübeck-Besucher kennen die Räume der „klas-
sischsten Kneipe der Welt", wie sie gelegentlich genannt wird.
Das Restaurant genießt einen guten Ruf, doch vor allem das
Ambiente in dem letzten alten Amtshaus ist einzigartig. Eigentü-
mer ist die Schiffergesellschaft, im 15. Jahrhundert von Kapitä-
nen und Kaufleuten gegründet, die vom Seehandel und der
Schiffahrt lebten. Das Grundstück am Koberg erwarben die
„Schifferbrüder" Anfang 1535. Im gleichen Jahr wurde mit dem
Bau des Amtshauses begonnen. Der schön gegliederte Stufen-
giebel mit Fenstern und Blenden wird von einem Dreimaster als
Wetterfahne gekrönt. Im Gesims über dem Portal mit dem
Rokoko-Oberlicht und den hohen Sprossenfenstern liest man −
hier sprachlich leicht geglättet − das Bekenntnis:

Den Zugang zur Stadt sicherte im Norden die Burg. In das Burgtor mit seiner barocken Haube wurden weitere Durchgänge für den modernen Verkehr gebrochen.

Speisen in historischer Umgebung kann
man in der Schiffergesellschaft (links).
Die „klassischste Kneipe der Welt"
erbauten die Schiffsherren 1535. Die
Gäste sitzen an langen Tischen (oben),
die aus den Bohlen alter Schiffe hergestellt sind.

„Du bist der Mann, Herr Jesus Christ,
Dem Wind und Meer gehorsam ist.
Drum halt in Gnaden deine Hand
auch über unsern Schifferstand.
Vor Sturm, vor Räubern, vor Gefahr,
Herr, unsre Seefahrt stets bewahr.
Laß die Gesellschaft und Gemein
der Schiffer dir befohlen sein.
Gib Freude, Fried und Einigkeit.
Bewahr dies Haus vor allem Leid.
Dein Segen sich bei uns vermehr.
Dir sei alleine, Gott, die Ehr."

Das Bild mit dem Dreimaster über dem Eingang entstand im 17. Jahrhundert. Vor den Stufen zur Tür befanden sich Bänke, die abends hochgeklappt, „beigeschlagen" wurden. Die heute noch erhaltenen, aufrecht stehenden „Beischläge" haben Abschlußscheiben aus dem Jahre 1745 aus Gotländer Kalkstein. Abgebildet sind zwei aufeinander zufahrende Boote. Darunter ist die Erkenntnis zu lesen: „Allen zu gefallen, ist unmöglich", was offenbar selbst Poseidon, der Gott des Meeres, anerkennen muß. Rechts neben dem Eingang sieht man einen kleinen Vorbau. Die Treppe führt abwärts in den letzten sogenannten Gotteskeller, den früher mehrere Bürgerhäuser hatten. Dort wohnten die Ärmsten der Armen, die sich keine andere Unterkunft leisten konnten. In den Kellern schliefen sie „für Gotteslohn", d. h. umsonst. Zu den frühen Bewohnern dieses Kellers gehörte auch der Bote der Schifferbrüder, der zu gesellschaftlichen Anlässen die Mitglieder einlud, die Kerzen verwaltete und die Stühle der Kapitäne in der gegenüberliegenden Schifferkirche St. Jakobi reinigte. Heute ist eine geschmackvoll eingerichtete Bar im Gotteskeller zu finden.

Herzstück des Restaurants ist der große Gastraum, die historische Diele, der frühere Gesellschaftsraum der seefahrenden Berufe. Von der Decke hängen Schiffsmodelle herab. Bilder und Geräte an den Wänden verweisen auf die christliche Seefahrt. Am Eingang steht seit 1848 die buntbemalte Holzfigur eines

Schiffsjungen mit der Sammelbüchse. Im Rücken dieses „Mose" nennt eine Liste die Besitzer des Grundstückes seit 1292. Der Raum selbst sieht im wesentlichen noch so aus wie zur Erbauungszeit. Balken und Decke werden von einem schweren Unterzug getragen, den zwei Ständer stützen. Die Wände sind bis zur halben Höhe getäfelt. In dem abschließenden Fries sind das Wappen der Gesellschaft, zwei gekreuzte Bootshaken mit Krone, und die Jahreszahl 1537 zu finden. In die Holzverkleidung sind einige Wandschränke eingelassen. Die obere Hälfte der Seitenwände ist mit Ölbildern auf Leinwand bespannt. Die Malereien zeigen in naiver Darstellung biblische Geschichten. Sie sind seit der Entstehung im ersten Drittel des 17. Jahrhunderts stark gedunkelt. Den hinteren Abschluß der Diele bildet, dem Eingang gegenüber, der Stammtisch. Hier treffen sich an bestimmten Tagen feste Freundeskreise: der Bismarck-Stammtisch, die Schifferbrüder, der Nautische Verein.

Hinter dem Stammtisch, durch eine hochklappbare Wand von der Diele abzuschirmen, befindet sich der sog. Beichtstuhl. Hier berieten die Älterleute, die Vertrauensmänner der Schiffer, ernste Angelegenheiten, nahmen dem einen oder anderen wohl auch einmal „die Beichte ab", was den Namen erklärt. Wenn sie in der Sitzung etwas beschlossen hatten, wurden die Wand heruntergeklappt, die Glocke geläutet und das Nötige verkündet.

An der Straßenseite neben dem Eingang steht etwas erhöht der sogenannte Geibeltisch. Man kann ihn für kleine Gesellschaften reservieren lassen. Angeblich saß der Dichter Emanuel Geibel besonders gern hier und verfaßte seine Reime. Sein Denkmal stand früher mitten auf dem Koberg, der daher auch Geibel-Platz hieß. Es ist jetzt an die Seite des Kobergs „gerutscht".

Eine Besonderheit in der Diele der Schiffergesellschaft sind die langen Tische mit Eichenbänken, angeblich aus Schiffsplanken gefertigt. Man ist in dieser „Kneipe" nicht hanseatisch zurückhaltend, sondern rückt ganz „unlübsch" zusammen. Die Wangen der Bänke sind von den Wappen der Schiffer-Kompanien geschmückt. Eine besondere Zierde ist der 431 Pfund schwere Kronleuchter, den die Älterleute 1655 gießen ließen.

Wer in „typisch lübscher" Kaufmanns-
umgebung speisen will, findet im
Schabbelhaus in der unteren Mengstraße den passenden Rahmen.

Das Schabbelhaus

Eine weitere Renommier-Gaststätte, wesentlich exklusiver als
die Schiffergesellschaft, ist das Schabbelhaus, Mengstraße
48−50. Das alte Schabbelhaus in der Mengstraße 36 wurde im
Bombenhagel von Palmarum 1942 vernichtet. Es bot ein getreues
Bild hanseatischen Kaufmannstums aus der wirtschaftlichen
Blütezeit Lübecks und wurde als vornehme Weinstube geführt.
Die Einrichtung des Gebäudes ging auf eine Schenkung des 1904
verstorbenen Bäckermeisters Heinrich Schabbel zurück. Zur
Wahrung der Tradition wollte die Vorsteherschaft der von Schabbel ins Leben gerufenen Stiftung nach dem Kriege etwas Ähn-
liches neu erstehen lassen. Die Stadt übertrug der Kaufmannschaft zu Lübeck die Häuser Mengstraße 48 und 50, die sie kurz
zuvor aus dem Erbe eines Kaufmannes erworben hatte. Die Häuser aus dem 16. und 17. Jahrhundert wurden auf Kosten der Kaufmannschaft saniert und in Anlehnung an das ursprüngliche
Schabbelhaus eingerichtet. Das Haus Nr. 50 erhielt ein Portal
aus der Fischstraße, unterhalb der Türme von St. Marien. Die
Häuser dort waren 1942 völlig ausgebrannt. Das Portal des ehemaligen Glandorp-Hauses aus der Fischstraße fügt sich mit seinen Säulen und Kapitellen aus Glasursteinen und dem Sandstein-
relief über der Tür gut in die Renaissance-Fassaden der Mengstraße ein.

Im Inneren des 1955 eröffneten neuen Schabbelhauses konnten
die Treppenaufgänge, die umlaufenden Galerien, die Säulen und
Balken weitgehend erhalten werden. Auch wenn dort heute nicht
mehr gekocht, sondern allenfalls angerichtet wird, zeugen die
Küchenverschläge mit Delfter Kacheln vom einstigen Standort
der Küche im Bürgerhaus. Heute läßt sich hier in gediegener
Atmosphäre vorzüglich speisen. Auch der Blick auf die Flügelgebäude und die kleinen Binnengärten ist äußerst reizvoll. Im
hinteren Zimmer des Hauses Nr. 48 ist eine schöne Barockdecke
zu bewundern. Im Haus Nr. 52, lange Zeit als „Dröhnbütel" mit
gepflegten Bieren geführt, ist ein modernes, geschmackvoll aus-
gestattetes Bistro, das „Kontor", eingerichtet worden.

Schönes aus alten Zeiten bewahrt: Lübecks Museen

Für eine Stadt mit einer so großen Vergangenheit, einer so reichen Kunst- und Baugeschichte wie Lübeck scheint es fast selbstverständlich, daß sie ihre Schätze aus früheren Zeiten den Besuchern und Einheimischen auch in ständigen Ausstellungen präsentiert. Tatsächlich ist die Museumslandschaft der Hansestadt außerordentlich vielfältig und auch originell. Adressen und Öffnungszeiten zu den im folgenden vorgestellten Museen entnehmen Sie bitte dem Informationsteil im Anhang, S. 185.

Das St.-Annen-Museum

Das schönste unter Lübecks zahlreichen Museen ist zweifellos das St.-Annen-Museum. Seine Schätze sind in den Räumen eines ehemaligen Augustinerinnenklosters untergebracht. Das Kloster, eine relativ späte Gründung, wurde zwischen 1502 und 1515 errichtet. Die Gründer waren Lübecker Bürger, die unverheiratete Töchter nicht mehr in Klöstern in Mecklenburg unterbringen konnten, da Herzog Magnus dies untersagt hatte. Auch das Johanniskloster in der Stadt konnte aus Platzgründen keine Frauen mehr aufnehmen. So sollte ein zweites Nonnenkloster entstehen. Zwölf Bürger bildeten die Vorsteher, der Rat bestimmte den Obervorsteher. Als Patronin schlug der Bischof die heilige Anna, die Mutter Marias, vor.
Die Klosterzeit in St. Annen war kurz. 1531 wurde die Reformation eingeführt, das Kloster wurde aufgelöst. Die zur Leitung nach Lübeck berufenen Nonnen gingen in ihr Mutterhaus zurück. 1542 wurden die letzten Lübecker Nonnen abgefunden. Die Gebäude dienten im Laufe der Jahrhunderte als Zeughaus, Armenhaus, Erziehungsanstalt, Krankenhaus, Obdachlosenasyl, Zwangsarbeitshaus und Kinderheim. Die Kirche wurde bei

einem Brand 1843 beschädigt und 1875 bis auf Mauer- und Pfei-
lerreste abgebrochen.

1911 beschloß die Bürgerschaft, das Kloster für Museumszwecke
herrichten zu lassen. 1915 wurde das St.-Annen-Museum eröffnet. Insbesondere seine Sammlung mittelalterlicher sakraler
Kunst macht es zu einem der beeindruckendsten Museen des
Landes. Die mittelalterlichen Schnitz- und Flügelaltäre stellen
die größte derartige Sammlung in Deutschland dar. Das Erstaun-
liche: Sie stammen alle aus Lübeck. In den 13 alten Kirchen und
Kapellen standen in katholischer Zeit Dutzende derartiger
Kunstwerke, die nach der Reformation nicht mehr gebraucht
wurden. Viele sind zerstört oder verkauft worden. Andere wurden bewahrt, gesammelt und hier zusammengeführt. 1818 erließ
der Rat eine Verordnung, nach der Altertümer – so sagte man
damals – nicht mehr veräußert oder vernichtet werden durften.
Die schöne Sammlung alter Altäre ist im Remter zu sehen.
In einem Nebenraum steht der vielbewunderte Memlingaltar von
1491, der für den Dom gestiftet und 1942 aus der brennenden
Bischofskirche gerettet wurde. Angeblich boten reiche Amerika-
ner nach dem Krieg dafür eine derart hohe Summe, daß man
damit die Zerstörungen in der Marienkirche hätte beseitigen
können. Lübeck verkaufte den Altar jedoch nicht.
In einer weiteren großen Abteilung werden Ausstellungsstücke
zur bürgerlichen Wohnkultur der Stadt und zu ihrer Kulturgeschichte vom Mittelalter bis ins 18. Jahrhundert präsentiert. Voll-
ständige Wohn- und Fešträume aus Lübecker Häusern sind zu
sehen, darunter die Prunkdiele eines Kaufmannshauses von
1736. Möbel, Tafelgeräte, Textilien, Musikinstrumente, Spiel-
zeug, Leuchter, Schmuck, Öfen, Kamine beanspruchen Interesse. Beachtlich ist ferner die Sammlung von Fayencen und
Keramiken, die überwiegend aus der Gegend stammen.
Seit 1990 hat das St.-Annen-Museum eine weitere Spezialabtei-
lung, eine Paramentenkammer. Den eigenen Beständen geist-
licher Textilien und verwandter Kirchenkunst wurden die Stücke
hinzugefügt, die nach dem Krieg von Danzig nach Lübeck
gekommen sind und bis 1990 in der Marienkirche ausgestellt

Schätze einer reichen Vergangenheit
findet man in den Lübecker Museen.
Eine barocke Kaufmannsdiele ist im
St.-Annen-Museum eingerichtet worden.

Im Behnhaus (oben) in der Königstraße
kann man neben moderner Kunst die
großbürgerliche Wohnkultur des 18.
Jahrhunderts (unten) bewundern.

waren. Der Raum für die Paramente ist mit moderner Technik
ausgestattet. Spezielle Lampen sorgen dafür, daß nicht mehr
Licht auf die Exponate fällt als nötig. Ein Bewegungsmelder
schaltet das Licht völlig aus, wenn sich kein Besucher zwischen
den Vitrinen aufhält. Neben den ständigen Sammlungen bietet
das Museum mehrmals im Jahr Sonderausstellungen und lädt
regelmäßig zu Führungen ein. In der Düvekenstraße, die das
Klostergelände im Westen begrenzt, befindet sich die Verwaltung des Museums für Kunst und Kulturgeschichte.

Museum Behnhaus/Drägerhaus

Das Behnhaus ist ein Beispiel großbürgerlicher Wohnkultur um
1800. Das Haus in der Königstraße 11 entstand zwischen 1779
und 1781 durch den Umbau zweier älterer Gebäude, die Ratsherr
Peter Hinrich Tesdorpf, der spätere Bürgermeister, gekauft
hatte. Tesdorpf gewann den Innenarchitekten und König-
lich-dänischen Hofdekorateur Joseph Christian Lillie zur Gestaltung seines luxuriösen Stadthauses. Die allzu großzügige
Lebensweise Tesdorpfs und wirtschaftlich schlechte Zeiten
zwangen den Kaufmann, das Anwesen wieder zu veräußern.
1823 erwarb der Arzt H. G. Behn das Gebäude. Es blieb dann
fast hundert Jahre im Besitz der Familie Behn. 1920 kaufte eine
Bank das Haus mit der Absicht, Geschäftsräume einzubauen.
Das rief den jungen Museumsdirektor Carl Georg Heise auf den
Plan. Innerhalb weniger Tage trommelte er soviel Geld zusam-
men, daß man der Bank das Haus wieder abkaufen konnte. Die
Initiatoren übergaben das Anwesen der Stadt, allerdings mit der
Auflage, es in seiner Eigenart zu erhalten und der Öffentlichkeit
zugänglich zu machen. So reifte der Plan, hier die städtische
Gemäldegalerie einzurichten. Sie wurde 1923 eröffnet.
Für viele Besucher ebenso beeindruckend wie die Gemälde und
Skulpturen ist die einzigartige Folge von Fest- und Repräsenta-
tionsräumen, die vom fast prunkvollen Leben des „königlichen
Kaufmanns" Zeugnis ablegt. So etwas gibt es in ganz Nord-
deutschland kein zweites Mal, insbesondere wenn man das

Nachbarhaus, Königstraße 9, mit hinzunimmt. Letzteres, das
Drägerhaus, wurde erst 1980 von der Stadt erworben und in
zweijähriger Restaurierungszeit dem Museum Behnhaus angegliedert. Die Namensgebung erinnert an den Kaufmann Heinrich Dräger, aus dessen Stiftung mehr als zwei Millionen Mark
in den Komplex flossen. Neben der großen Diele mit den tiefen
„Schapps", den großen Kleider- und Wäscheschränken, beeindruckt die einzigartige Festraumfolge im Erdgeschoß in der rei-
nen Rokoko-Ausstattung aus der Mitte des 18. Jahrhunderts.
Dem Vorzimmer, das man damals vornehm „Anti-Chambre"
nannte, folgt der Festsaal mit gemalten Chinoiserien in Blau- und
Grautönen an den Wänden, einem eigens für diesen Raum ent-
worfenen Fayence-Ofen und einem Leuchter aus böhmischem
Kristall. Den Abschluß bildet das Landschaftszimmer als Übergang zum Garten. Auch die Möbel sind Originalstücke des 18.
Jahrhunderts.

Wenn man das Behnhaus zum Garten hin verläßt, steht man in
den sogenannten Bürgergärten. Der graue Pavillon im Hintergrund beherbergt die Ausstellungsräume der Overbeck-Gesellschaft, des Lübecker Kunstvereins, der sich seit mehr als 75 Jahren die Vermittlung moderner Kunst zur Aufgabe gemacht hat.
Hunderte von Ausstellungen hat es seitdem gegeben; mehrfach
jährlich wird die internationale Kunstszene der Gegenwart zur
Diskussion gestellt. Johann Friedrich Overbeck (1789—1869),
der Namensgeber, Begründer der Nazarenerschule in Rom, war
gebürtiger Lübecker und Sohn eines Bürgermeisters. Eine ganze
Reihe seiner Arbeiten befindet sich heute im Besitz des Museums.

Das Holstentor-Museum

Sammlungen zur Stadt-, Seefahrts- und Rechtsgeschichte der
einstigen „Königin der Hanse" sind im Holstentor-Museum zu
besichtigen (zum Tor selbst siehe S. 63). In den Ausstellungs-
räumen kann man erfahren, daß das Holstentor früher kein separat stehendes Bauwerk, sondern Teil der Verteidigungsanlagen

war. Alte Modelle und Pläne der Stadt sind zu sehen, darunter der monumentale Holzschnitt von Elias Diebel aus dem Jahre 1552, die älteste Stadtansicht überhaupt (1463) und ein Modell, das die Stadt um 1650 zeigt − 1935 von Schülern unter der Anleitung ihres Lehrers Asmus Jessen angefertigt. Die Abteilung Seefahrt und Schiffsausrüstung zeugt von der großen Tradition der See- und Schiffbaustadt. Schiffsmodelle aus verschiedenen Jahrhunderten, Navigationsgerät, sogenannte Kapitänsbilder, Galionsfiguren und andere Bugverzierungen oder alte Buddelschiffe sind zu bestaunen.

Auf viele Jugendliche übt der Torturkeller seltsamerweise die größte Anziehungskraft aus. Hier sind „Strafrechtsaltertümer" ausgestellt, wie der amtliche Ausdruck für die reichlich grausamen Exponate lautet: Folterwerkzeug von der Eisernen Jungfrau bis zum Schwert des Scharfrichters. Von der alten Bewaffnung der Stadtmiliz zeugen Spieße, Hellebarden, Streitkolben, Kanonen, Vorderlader, Sturmhauben. Sogar die Kriegsbekleidung von Gustav Wasa ist aufbewahrt. Den späteren Schwedenkönig hatten die Lübecker vor seinen dänischen Feinden in der Stadt versteckt. Die alten Geschütznischen für die 30 Kanonen, mit denen das Tor bestückt war, dienen heute, verglast, als Vitrinen.

Das Naturhistorische Museum

Das Naturhistorische Museum, neben dem Dom gelegen, ist das einzige seiner Art in Schleswig-Holstein. Neben der Geschichte der Region mit ihren Funden von den frühesten Besiedlungen an ist die Entwicklung der Tier- und Pflanzenwelt durch Sammlungen und in Dioramen dargestellt. Man erfährt zum Beispiel, daß die Region Lübeck auf einem der jüngsten Böden Europas liegt, obwohl durch die verschiedenen Eiszeiten Geschiebe fast aller Perioden der Erdgeschichte in Schleswig-Holstein nachzuweisen sind. Neben Versteinerungen und den Sammlungen von Gesteinen, Fossilien und Mineralien zeigen die Dioramen ehemals oder heute heimische Tiere in ihren jeweiligen Biotopen. Mammut- und Moschusochse, Wollnashorn, Wildpferd und Ur

Im Buddenbrookhaus in der Mengstraße, das der Familie Mann gehörte,
ist 1993 das Heinrich-und-Thomas-
Mann-Zentrum eröffnet worden. Es
hält die Erinnerung an die ungleichen
Lübecker Dichter-Brüder wach.

kann man in eiszeitlicher Umgebung sehen. Auch die typischen Landschaftsformationen — Wattenmeer, Ostseeküste, Marsch, Geest, Moränen — sind dargestellt. Schaubilder und Erläuterungen zu bedrohten und ausgestorbenen Tierarten führen in die Gegenwart. Aber nicht nur tote Tiere sind im Museum zu finden. In Aquarien und Terrarien sind heimische Tiere lebend zu beobachten: Fische, Schnecken, Krebse, Schlangen, Eidechsen, Kröten, Spinnen.

Im zweiten Stock hat der frühere Museumsdirektor einen gläsernen Beobachtungsstand mit lebenden Honigbienen gebaut. Die Tänze, mit deren Hilfe sich die Bienen über Futterplätze verständigen, kann der Besucher mit einer von Dr. Manfred Diehl konstruierten „Bienenanzuhr" selbst entschlüsseln.

Jüngste Attraktion sind Skelette von Walen, die im Lauenburgischen gefunden wurden. Modelle zeigen die einstigen Meeresbewohner aus unserer Region in natürlicher Größe. Den Besuchern steht umfangreiches didaktisches Material zur Verfügung. Kinder können sich mit Arbeits- und Fragebögen, mit Quiz- und Suchspielen stundenlang beschäftigen. Die Erwachsenen können sich derweil in der Cafeteria erholen.

Das Buddenbrookhaus

Lübecks jüngstes Museum, im Mai 1993 eröffnet, hat sich bereits im ersten Jahr seines Bestehens zu einem der meistbesuchten deutschen Literaturmuseen entwickelt. Es ist das Buddenbrookhaus in der oberen Mengstraße. Thomas Mann machte das Gebäude weltbekannt. Hier spielt sein Roman „Buddenbrooks", der den Verfall eines Lübecker Kaufmannsgeschlechts beschreibt. Das 1758 errichtete Haus mit der hellen Barockfront ist nicht das Elternhaus Thomas Manns und seines vier Jahre älteren Bruders Heinrich — der es ebenfalls zu literarischen Ehren brachte —, sondern das Haus ihrer Großeltern. Die Manns selbst lebten in der Parallelstraße, in der Beckergrube. Die Gärten beider Häuser grenzten jedoch rückwärtig aneinander, so daß die Kinder oft bei den Großeltern spielten und Tho-

mas Mann das Gebäude genau beschreiben konnte. 1841 erst
wechselte es in den Besitz der Familie Mann.

1942 ging das Gebäude in Flammen auf, nur die Fassade zur
Marienkirche hin blieb stehen. Die leeren Giebel wurden jedoch
nicht, wie vielfach in der Umgebung, abgerissen. Anfang der
fünfziger Jahre baute eine Bank die übrigen Gebaudeteile wieder
auf. 1991 kaufte die Stadt mit Hilfe von Bund und Land das Haus.
Für zwei Millionen Mark – den Löwenanteil brachten „Buddenbrooks"-Freunde aus aller Welt auf – wurde das Haus in eine
„Heinrich-und-Thomas-Mann-Gedenkstätte" umgewandelt.

Kernstück sind die modern aufbereiteten Sammlungen, die das
gesamte Erdgeschoß einnehmen. Leben und Werk der Dichter-
brüder, von der Kindheit bis zum Exil und der Rückkehr nach
Europa, sind didaktisch einleuchtend aufbereitet. Natürlich
spielt auch die Geschichte der Rezeption ihrer Werke eine Rolle.
Querverweise zur übrigen geistigen und politischen Welt fehlen
nicht. Selbstverständlich kann man im Buddenbrookhaus auch
die Geschichte des Romans studieren, den Thomas Mann 1901
im Alter von 26 Jahren veröffentlichte und der ihm 1929 den
Nobelpreis für Literatur einbrachte.

Im ersten Obergeschoß finden wechselnde Ausstellungen statt.
Hier befindet sich auch ein Vortrags- und Filmsaal, in den die
Betreiber des Hauses oft zu Lesungen, Diskussionen oder kleinen Konzerten einladen. Der internationalen Hein-
rich-und-Thomas-Mann-Forschung dienen Archive und andere
Studieneinrichtungen. Forscher erhalten nicht nur Auskunft,
sondern auch Arbeitsmöglichkeiten. Die Deutsche Tho-
mas-Mann-Gesellschaft und der „Arbeitskreis Heinrich Mann"
sowie ein „Förderverein Buddenbrookhaus" haben Räume im
Kellergeschoß erhalten.

Völkerkundesammlungen

Bis zum Krieg hatte Lübeck ein weithin beachtetes, im Jahre
1892 gegründetes Völkerkundemuseum. Mehr als 25 000
Sammlungsobjekte bildeten einen reichen Schatz für ständige

und Sonderausstellungen. Vertreten waren vorwiegend afrikanische und südamerikanische Länder, aber auch Ozeanien, Australien, Asien und Europa. Die Sammlungsgegenstände stammten zum großen Teil aus Schenkungen. Hanseatische Kaufleute hatten im Laufe der Jahrzehnte auf Reisen und durch Handelsbeziehungen mit den Kolonien vieles zusammengetragen. Die Stücke wurden durch gezielte Forschungs- und Sammlungsreisen Anfang des Jahrhunderts ergänzt.

Das Dom-Museum, in dem sich sowohl die Sammlungen zur Völkerkunde als auch die zur Naturgeschichte befanden, wurde 1942 durch Bomben zerstört. Während ein Neubau für das Naturhistorische Museum entstand, wurden die geretteten Stücke der Völkerkunde, mehr als 21 000 Gegenstände, ans Hamburger Museum für Völkerkunde ausgeliehen. 1969 kamen die Sammlungen zurück und wurden in einem Altstadthaus magaziniert. Ausstellungsräume waren nicht vorhanden, so daß nur immer wieder Teile zu bestimmten Themen gezeigt werden konnten. Inzwischen hat die Sammlung neue Räume bekommen, und zwar im Zeughaus neben dem Dom, einem schönen Renaissancebau (siehe S. 99). Für Ausstellungen steht allerdings nur ein Raum zur Verfügung, dazu ein weiterer Vortragsraum. Das Haus muß sich deshalb auch jetzt auf thematisch begrenzte Ausstellungen konzentrieren, die mit Vorträgen, Diskussionen oder Filmen begleitet werden. Daß von der Völkerkundesammlung, nicht vom Völkerkundemuseum gesprochen wird, liegt jedoch vor allem an der dünnen Personalausstattung, die einen größeren Museumsbetrieb nicht zuläßt.

Museum für Figurentheater

Eine Besonderheit unter Lübecks Museen stellt das kleine, aber hochprofessionell und mit viel Engagement betriebene private Museum für Figurentheater in der Kleinen Petersgrube dar. Hand-, Stock- und Schlenkerpuppen, Marionetten, ganze Puppentheater mit kompletten Bühnenbildern zeugen von der großen Zeit der kleinen Stars, die erst durch das Kino und das Fernsehen verdrängt wurden. Mehr als 10 000 Puppen gehören zum Bestand des Museums, dazu eine umfangreiche Fachbibliothek. Das Museum wurde 1982 eröffnet. Seine Grundausstattung erhielt es durch die Sammelleidenschaft des Fernsehkameramannes Fritz Fey. Inzwischen ist es zu einer umfangreichen Spezialsammlung angewachsen. Dabei spielte immer wieder der Zufall eine Rolle. So konnte 1991 mit Hilfe von Freunden der Nachlaß der berühmten deutschen Puppenspielerdynastie Schichtl erworben werden, insgesamt tausend Inventarnummern: Marionetten, Szenenbilder, Requisiten, Plakate, Textbücher, Tonbänder. Von den anderen drei berühmten Dynastien, die im vorigen Jahrhundert durch deutsche Lande zogen, hatte das Museum schon große Schätze, von den Richters, den Winters und den Billes. Xaver Schichtls Spezialität waren Metamorphosen. Das sind Puppen, die sich auf der Bühne verändern, lange Beine bekommen oder einen großen Hals.

In dem Museum in drei Etagen eines typischen Altstadthauses ist jedoch nicht nur die deutsche Geschichte des Puppenspiels zu studieren. Der Besucher wird rund um die Welt geführt. Afrika ist beispielsweise mit einer Sammlung vertreten, die jedes Völkerkundemuseum sofort übernehmen würde. Schattentheater aus Burma, Indonesien, Indien und China üben einen besonderen Reiz aus. Die Chinesen hatten das Farbfernsehen quasi schon vor tausend Jahren, denn die bemalten Figuren aus hauchdünner Haut, die seit Jahrhunderten einen festen Platz in ihrer Volkskunst innehaben, werfen farbige Schatten.

Spaziergänge durch das alte Lübeck

Rund um die Altstadt

Man kann die Altstadt und damit das „eigentliche", das historische Lübeck, gut zu Fuß umrunden: Für den etwa sechs Kilometer langen Weg braucht man annähernd zwei Stunden. Es gibt dafür noch keinen eigens angelegten Rundwanderweg. Die Strecke verläuft mal idyllisch im Grünen, dann wieder nüchtern an Werkstoren und Hafenanlagen vorbei oder direkt am Altstadtrand entlang.

Wir beginnen die Wanderung zwischen Holstentor und Bahnhof an der Puppenbrücke in südlicher Richtung. Aus Richtung Altstadt kommend, steigen wir jenseits des Walles links ein paar Stufen hinunter zum Spazierweg auf dem östlichen Ufer des Stadtgrabens. Der „Einstieg" ist bei der ersten Figur der Puppenbrücke, dem Flußgott, aus dessen Füllhorn die Wasser der Trave strömen.

Der Weg verläuft im Zickzack und folgt damit noch der Form der alten Bastionen. Auf dem Wasser rechts verkehren Motorboote. Links schweift der Blick zu den Kronen der Wälle hinauf, die nur noch am südlichen Rand der Altstadt zu finden sind. Zweimal führen Wege auf die Wallkrone.

Wir bleiben am Wasser. Links sehen wir bald eine Hinweistafel, die Station 9 eines Stadtökologischen Pfades, der 1993 angelegt wurde. Der Text weist auf Pflanzen der Umgebung hin, nennt Tiere, die man hier beobachten kann. Im Bogen führt der Weg nach links auf die Brücke zu, unter der der Stadtgraben sich mit der Stadt-Trave verbindet. Wir überqueren hier die Possehlstraße und biegen links in die Wallstraße ein. Jenseits der Trave sieht man die schöne Häuserzeile „An der Obertrave", dahinter die Türme des Domes. Rechts finden wir einen Minigolfplatz. Vor der nächsten Brücke führt rechts ein Weg zur Freilichtbühne. Sie wurde 1926 für Veranstaltungen zur 700-Jahr-Feier der Reichsfreiheit angelegt. Seit 1990 dient sie im Sommer für Aufführungen von Kinderstücken.

Hinter der kleinen Brücke gehen wir links ein paar Stufen hinunter zum Mühlengraben. Bei der alten Mühle sehen wir die Station 6 des Stadtökologischen Pfades, „Dachbegrünung". Die Mooslandschaft auf dem schrägen Seitendach trocknet allerdings in heißen Sommern aus. Wir überqueren den Mühlendamm, gehen um das kleine Haus des Grünflächenamtes an der Ecke herum und biegen links in den Uferweg des Mühlenteiches ein. Jenseits des Wassers liegt der eindrucksvolle Bau des Domes mit seinen 130 Metern Länge (siehe S. 38). Kurz vor der Mühlenbrücke, die rechts zu sehen ist, kommen wir auf die Mühlenstraße und gehen links etwa 100 Meter Richtung Innenstadt. Wir überqueren die Mühlenstraße und nehmen neben dem Hotel „Stadtwache" (mit China-Restaurant) die Stufen hinunter zum Krähenteich. Hier führt ein schöner Weg durch gepflegtes Grün. Das Freibad Krähenteich auf der anderen Wasserseite wird im Sommer gern benutzt. Dahinter sieht man noch einen Teil des Rundturms der Stadtbefestigung, weiter im Hintergrund den Turm von St. Aegidien (siehe S. 50).

Der Weg führt auf der Höhe zwischen zwei Wasserläufen hindurch, links der Krähenteich, rechts die Kanal-Trave. Links am Fuß der Rehder-Brücke, der wir uns jetzt nähern, entdecken wir das kleine alte Pumpenhaus. Wir überqueren die Krähenstraße und biegen rechts, beim runden Turm, in die Straße „An der Mauer" ein. An der nächsten Ecke steht rechts die alte Warmbadeanstalt, die heute für medizinische Bäder genutzt wird. Hier biegen wir rechts in den Hüxterdamm, überqueren diesen, um gleich links in die Kanalstraße einzubiegen. Rechts erstreckt sich der Klughafen, so genannt nach dem Bürgermeister, in dessen Amtszeit er entstand. Die Straßen links führen auf den Stadthügel hinauf. Gleich hinter der ersten Straße, der Fleischhauerstraße, stößt man links auf die Gebäude des Gymnasiums Johanneum. Es liegt an der Stelle des alten Johannisklosters. Von den Klostergebäuden ist jenseits der Rasenfläche noch eine gut erhaltene Giebelwand zu sehen. Etwas weiter, hinter dem Spielplatz,

Auf dem Kanal im Süden der Altstadt
herrscht reger Verkehr (oben). Zu
beschaulichen Spaziergängen laden die
alten Alleen auf den erhaltenen Teilen
der Wälle ein (links).

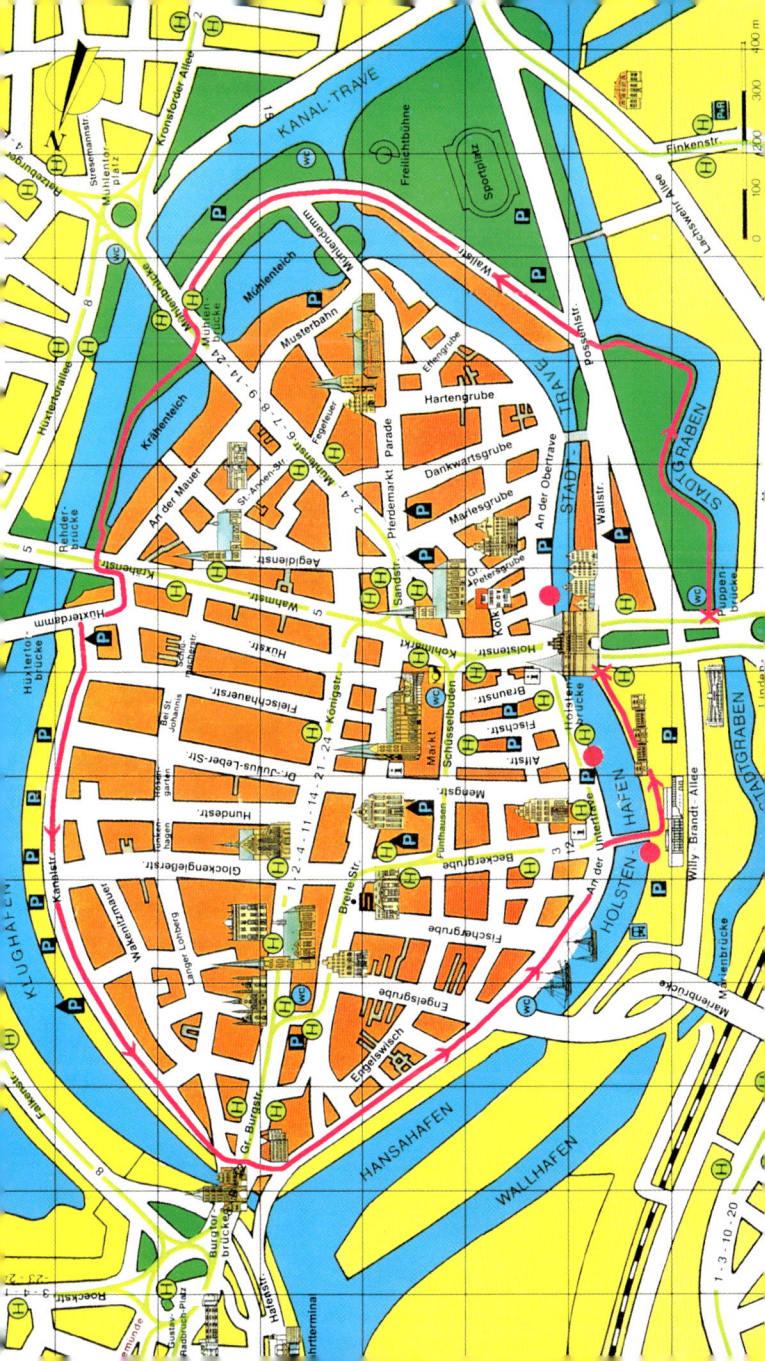

kommt wiederum ein Teil der alten Stadtmauer zum Vorschein. Sie ist mit den Wohnhäusern quasi zusammengewachsen.

Links der „Werkhof" beherbergt alternative Kultureinrichtungen, dazu ein Rucksack-Hotel und ein Restaurant, das insbesondere von jungen Leuten gern besucht wird. Ein Stück weiter in einem gelben Gebäude ist der Offene Kanal untergebracht. Hier kann jeder sein eigenes Rundfunkprogramm ausstrahlen. Auf der rechten Seite ist zwischen Wasser und Straße ein Parkstreifen angelegt – der Verkehr fordert seinen Tribut. Jenseits des Wassers sieht man auf Firmengelände.

Nach einer Strecke Weges taucht vor uns die Burgtorbrücke auf. Kurz bevor wir sie erreichen, nehmen wir den kleinen Fußweg, der hügelan auf das Burgtor zuführt (Ida-Boy-Ed-Garten). Die Mauern der Burg, die einst den einzigen Landzugang zur Stadt schützte, sind von hier aus noch gut zu erkennen. Der Kanal wurde im Jahre 1900 eingeweiht. Links neben dem Burgtor steht das Zöllnerhaus.

Wir können uns das Burgtor (siehe auch S. 70) in aller Ruhe ansehen. An der Stadtseite lesen wir, daß das Zöllnerhaus 1571 errichtet wurde, daß Ida Boy-Ed, die „Entdeckerin" Thomas Manns, von 1912 bis 1928 hier wohnte. Auf der anderen Seite des Tores sind die Reste des alten Marstalles zu sehen. Wir gehen wieder durch das Tor zur Stadt hinaus. Von der Plattform linker Hand hat man einen schönen Blick auf die Hubbrücke unten und die dahinterliegenden Häfen. Wir setzen den Weg fort, gehen um die Burg herum, am grünen Gitter entlang und einige Stufen hinunter. Beim Jazzclub kommen wir auf das untere Straßenniveau, „An der Untertrave". Wir passieren das Seemannsheim, sehen auf der gegenüberliegenden Seite den Schuppen 9 des alten Hafens. Die erste Straße links ist die Kleine Altefähre. Auf halber Höhe links ist das Beichthaus der Dominikaner zu sehen, die an der Stelle der Burg ihr Kloster errichteten. Der freistehende Schuppen in der Ferne rechts, der Schuppen 6, wird auch für kulturelle Zwecke genutzt. An der Untertrave reihen sich kleine Restaurants und Kneipen für verschiedene Geschmäcker. Dazwischen gibt es Geschäfte für den maritimen Bedarf. Neben dem Haus Untertrave 25 finden wir einen schmalen Durchgang zum Hellgrünen Gang. Der kleine Abstecher lohnt sich. Wir finden keinen einzelnen Gang, vielmehr ein kleines Labyrinth idyllischer Gänge mit Häuschen aus verschiedenen Zeiten, auch aus der Gegenwart. Selbst ein Kinderspielplatz ist vorhanden. Man kann durch die Gänge bis zur Straße Alsheide bummeln und findet rechts wieder zur Untertrave zurück.

An der alten Drehbrücke beginnt die Straße, die seit kurzem Willy-Brandt-Allee heißt. Sie führt zwischen Musikhalle und Hotels hindurch zum Holstentorplatz. Wir gehen jedoch weiter geradeaus und stehen am kleinen Oldtimer-Hafen. Freunde der traditionellen Seefahrt pflegen die alten Segler, die hier gemeinsam „geparkt" sind. Gleich dahinter, gegenüber der Beckergrube, nehmen wir die Fußgängerbrücke auf die neue Musik- und Kongreßhalle zu (siehe S. 127). Wir halten uns links, gehen direkt am Wasser entlang. Jenseits der Trave sieht man schön restaurierte alte Speichergebäude. Zu beiden Seiten der Holstenbrücke legen die Boote ab, mit denen man die Stadt auf dem Wasserweg umrunden kann. Vor der Holstenbrücke liegt die MS „Mississippi", ein Schiff, dessen Eigner die bei vielen Weltreisen gesammelten maritimen Sehenswürdigkeiten ausstellt. Das Schiff bietet als kleines Privatmuseum insbesondere Landratten Köstliches und Kuriosa. Unser Rundgang ist beim Holstentor beendet.

Ausgangspunkt: Der Markt

Die folgenden Spaziergänge führen abschnittweise durch die Altstadtquartiere. Die Strecken sind etwa zwei bis drei Kilometer lang, also in einer Stunde zu schaffen. Wer unterwegs ausgiebige Besichtigungspausen einlegt, muß die Zeit dafür natürlich hinzurechnen. Ausgangspunkt ist der Markt, zu dem man automatisch gelangt, wenn man über das Holstentor in die Altstadt kommt. Übrigens nennen die Lübecker den Platz einfach „Markt" – wer von „Marktplatz" spricht, gibt sich als Ortsunkundiger zu erkennen.

Das Domviertel

Wir beginnen den Spaziergang an der Südwestecke des Marktes, bei der Post, überqueren die Holstenstraße bei der Ampel und biegen gegenüber in die Schmiedestraße ein. Rechter Hand sehen wir die Petrikirche (siehe S. 51). Wir nehmen den Fahrstuhl, der von Ende März bis Ende Oktober täglich zwischen 9 und 18 Uhr in Betrieb ist. Durch die Glaswand können wir vorher einen Blick ins Kircheninnere werfen. Meistens sind die Türen offen, so daß man sich in der leeren Hallenkirche auch hinsetzen kann. Von der Aussichtsplattform in 50 Meter Höhe hat man einen herrlichen Rundblick über das Dächermeer der Altstadt. Der Blick geht bei klarer Sicht bis nach Mecklenburg. Auch das Hotel „Maritim" in Travemünde ist deutlich am Horizont im Norden zu erkennen.

Wieder zu ebener Erde, biegen wir rechts in die zur Trave hinabführende Große Petersgrube ein. Die beiden historischen Gebäude Nr. 7 und 9 sind für Studierende der Musikhochschule als Studentenwohnheim saniert worden. Die Musikhochschule, die einzige in Schleswig-Holstein, nimmt denn auch den größten Teil der Großen Petersgrube ein. Es sind die Häuser Nr. 17 bis 29. Die Fassaden weisen unterschiedliche Baustile auf, von der Gotik über den Barock bis zum Klassizismus. Die Sanierung der Kaufmannshäuser unterschiedlicher Stilepochen war das

Ruhige Spaziergänge können Lübeck-
Besucher entlang der Obertrave unter-
nehmen (oben). Dabei stößt man auf
die Roßmühle, die gebaut wurde, damit
auch bei Niedrigwasser für die Bäcker
Mehl gemahlen werden konnte (links).

Geschenk des Landes zur Erhaltung der Lübecker Altstadt. Eine andere Hochschule hätte man hier nicht unterbringen können, ohne die kleinteiligen Häuser zumindest im Inneren zu zerstören. Musiker brauchen viele kleine Räume zum Üben, so daß man die Gliederung der Häuser unverändert belassen konnte. Über den Haupteingang in dem barocken Gebäude Nr. 21 können wir einen Blick in das Innere mehrerer Häuser werfen. Das Hauptgebäude ist − wie die Mensa nebenan − durch umlaufende Galerien geprägt, wie sie für alte Kaufmannshäuser typisch waren. Geradeaus, dem Eingang gegenüber, liegt ein Innenhof, der sich herrlich für kleine Sommerkonzerte eignet. Drei solcher Höfe gibt es, die von den Studenten genutzt werden. Die Gebäude gehen nämlich bis zur Parallelstraße, der Depenau, durch.

Wir folgen der Petersgrube weiter abwärts, kommen auf den Straßenzug „An der Obertrave" und biegen hier links ein. Die Musikhochschule nimmt, wie gesagt, den gesamten Raum bis zur Depenau ein. An der Ecke Obertrave/Depenau sticht ein moderner Baukörper aus dem Ensemble hervor. Hier wurde ein Konzertsaal eingebaut, dem einige alte Bausubstanz zum Opfer fiel. Die öffentlichen Prüfungskonzerte und Vorspielabende der Studierenden und Dozenten sind eine Bereicherung für das kulturelle Leben der Stadt. Auf der Ecke blicken wir die Depenau aufwärts und sehen die Fassaden der Speicher, die zu den Kaufmannshäusern der Großen Petersgrube gehörten. Wir gehen der Straßenecke gegenüber in den Durchgang neben dem Haus Nr. 43. Hinter dem schmalen Durchlaß tut sich ein idyllischer Gang mit kleinen Wohnhäusern auf. Der Ausgang zur Marlesgrube ist so eng, daß man nur einzeln hindurchgehen kann. In der Marlesgrube stehen zum Teil noch Häuser des 18. Jahrhunderts. Weiter oben sieht man Neubauten, die Gewerbeschule rechts, die Schwimmhalle links. Die alte Bebauung ist im Krieg zerstört worden. Wir setzen unseren Weg fort durch die Düstere Querstraße. Die Häuschen sind nicht alle stilecht wiederaufgebaut, werden aber von ihren Eigentümern liebevoll gepflegt. Wir wenden uns nach links, die Dankwartsgrube hinauf, die

ebenfalls von alten Häusern in verschiedenen Baustilen gesäumt
ist. Oben auf dem Hügel stehen zu beiden Seiten die Neubauten
der Gewerbeschule. Auf der rechten Seite kann man einen Blick
in einige Wohngänge werfen, den Nagelschmiede Gang (Nr. 31)
oder Kellings Gang (Nr. 9). Die breite Straße am oberen Ende
der Dankwartsgrube, die einem Platz ähnelt, trägt die Bezeichnung Parade. Früher paradierte und exerzierte hier das Lübecker
Stadtmilitär. Bevor wir rechts zum Dom einbiegen, werfen wir
einen Blick nach links und sehen genau auf den Dachreiter der
Marienkirche, der 30 Meter aus dem Hochschiff herausschaut;
davor einige Türme der Rathausbekrönung. Rechts einbiegend,
sehen wir auf der linken Straßenseite einen weißen neugotischen
Bau, das „Schloß Rantzau". Es wurde 1858 für Kuno Graf von
Rantzau errichtet. Die Rantzaus sind eine weitverzweigte adelige
Familie, die an vielen Orten Holsteins Grundbesitz hat. Das
nächste Gebäude auf der gleichen Straßenseite ist das katholische Marien-Krankenhaus. Dem Krankenhaus gegenüber steht
die katholische Propsteikirche Herz Jesu. Sie wurde 1891
geweiht. Besondere Ausstattungsstücke sind eine Pietà aus dem
15. Jahrhundert, zwei Ölbilder von Burchard Wulff aus dem 17.
Jahrhundert, den heiligen Ignatius und den heiligen Franz Xaver
darstellend, sowie Gipsabgüsse der Madonna von Vadstena und
der Figuren eines Flügelaltars. Die Originale entstanden um
1450. In der Propsteikirche wurde 1955 eine kapellenartige
Unterkirche eingerichtet. Sie hält das Gedenken an vier von den
Nazis hingerichtete Geistliche wach. Der Kirche schließt sich bis
zur Ecke ein katholisches Viertel an – mit Kindergarten, der
Kurie, dem Gesellenhaus und (um die Ecke) dem modernen Bau
eines Altenheimes.

Der schöne Renaissance-Giebel vor uns gehört zum ehemaligen
Zeughaus der Stadt. Der Backsteinbau wurde 1594 unter Leitung
von Ratsbaumeister Hans von Rode errichtet. 1921 wurde das
Haus als Polizeizentrum umgebaut. Inzwischen beherbergt es
die Völkerkundesammlungen (siehe S. 87). In der Nische der
Fassade steht der Kriegsgott Mars: Immerhin wurden hier früher
die städtischen Waffen aufbewahrt.

Die alte Stadtmühle am Wall (oben) wird als Kulturdenkmal bewahrt. Lebendige Farbigkeit und Schnitzereien zeichnen das Gebäude Hartengrube Nr. 20 aus (links). Der seitliche Gang führt zu Schwans Hof.

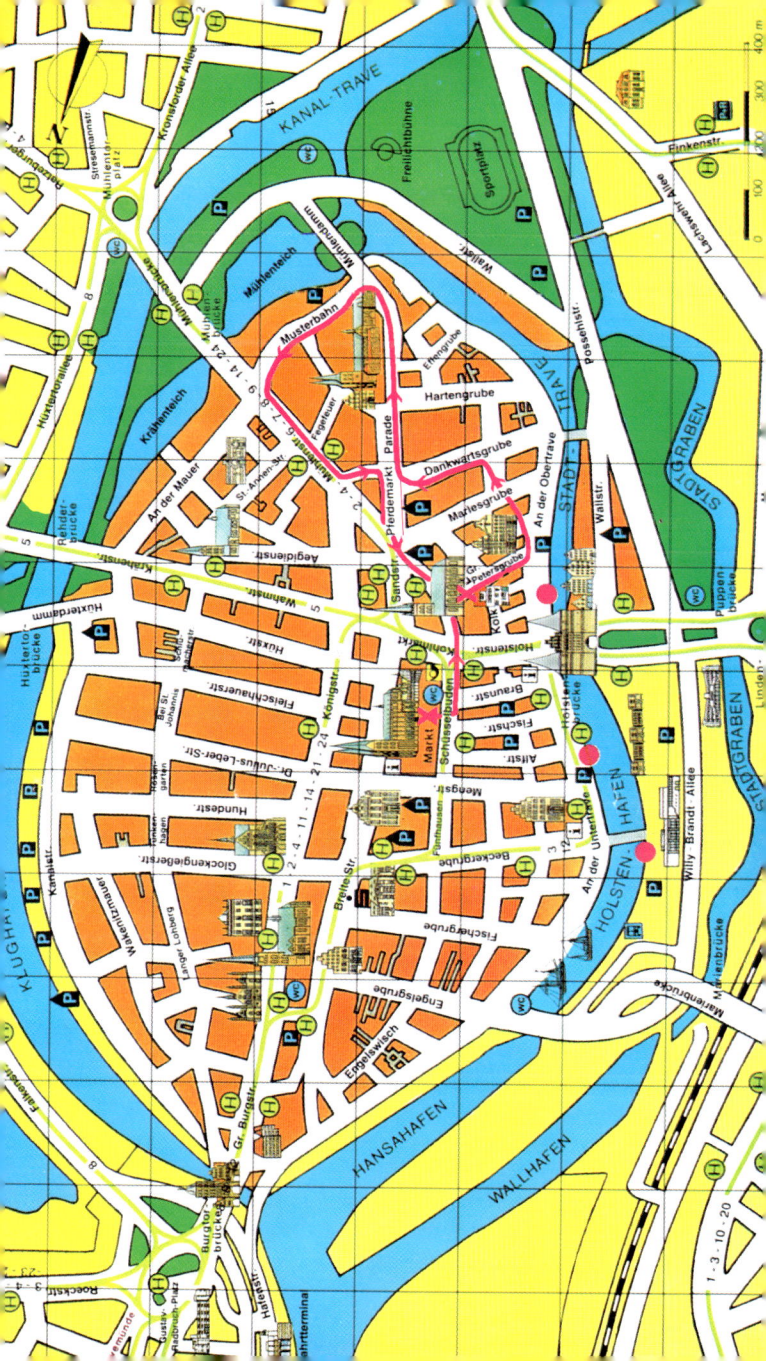

Wir gehen links am Zeughaus vorbei und stehen auf dem Vorplatz des Domes. Das Löwendenkmal auf hohem Sockel erinnert daran, daß Herzog Heinrich der Löwe den Grundstein zum Dom legte. Die riesige Buche daneben ist aus einem Schößling der Lutherbuche zu Liebenstein in Thüringen gewachsen; sie wurde 1873 zur Erinnerung an das 700jährige Bestehen des Domes gepflanzt. Für den Dom (siehe S. 38) sollten wir uns Zeit lassen. Den Eingang finden wir neben den Türmen.

Nach dem Dombesuch gehen wir rechts weiter zum sogenannten Paradies, einem offenen, schön gegliederten und mit alten Skulpturen geschmückten Vorbau. Die spätromanische Vorhalle wurde nach 1250 in Auftrag gegeben und war spätestens 1280 vollendet. Durch das Paradies zog früher der Bischof ein, der im gegenüberliegenden Bischofshof residierte. Außerdem wurden hier im Mittelalter die Armen gespeist, und es wurde geistliches Gericht gehalten. Besonders schön ist der Christus in der Mandorla über dem Eingang nach innen. Die Gebäude dem Dom gegenüber gehören zur OzD, der Oberschule zum Dom. Wir gehen rechts um den Dom herum, sehen auf der Südseite einen modernen Anbau und hinter dem Gitter noch ein Stück der alten Klostergebäude, die sich früher zum Mühlenteich hin erstreckten. Der Neubau an dieser Stelle beherbergt das Naturhistorische Museum (siehe S. 84) und das Stadtarchiv. Wir können den Blick über den Mühlenteich zu den alten Wallanlagen schweifen lassen, biegen dann in die links zur Stadt führende Musterbahn ein. Hier finden sich prachtvolle Bürgerhäuser vom Ende des vorigen Jahrhunderts. Besonders auffallend sind die liebevoll gestalteten Fensterzonen. Das Haus Nr. 3, um 1880 erbaut, fällt mit der rötlich leuchtenden Fassade aus dem Rahmen. Die zweigeschossigen Loggien erinnern an einen südländischen Palazzo. Ungewöhnlich ist der überaus reiche Terrakotta-Schmuck aus der Werkstatt des Statius van Düren.

Die Mühlenstraße, auf die wir nun kommen, ist Hauptverkehrsader in Nord-Süd-Richtung. Das Eckhaus gegenüber der Musterbahn beherbergt eine bei Studenten und Junggebliebenen beliebte Gaststätte (Haus Nr. 93–95). Der Name „Alter Zoll'n"

erinnert daran, daß hier, in der Nähe des früheren inneren Müh-
lentores, einmal Zollstation war. Die Nr. 91 führt ins „Römische
Reich" — so wird dieser geräumige Wohngang seit 400 Jahren
genannt. Die zu beiden Seiten stehenden zweigeschossigen
Traufenhäuser stammen aus dem frühen 19. Jahrhundert. Einen
zweiten Wohngang in der Mühlenstraße, Brandes Hof (Nr. 79),
entdeckt man erst auf den zweiten Blick. Man muß nämlich
einige Stufen hinaufsteigen. Die Nr. 72 ist einer der wenigen
klassizistischen Bauten der Altstadt, errichtet 1819 anstelle einer
zum Dombezirk gehörenden Scheune.

Zwischen Nr. 63 und 65 zweigt die St.-Annen-Straße ab. Man
sieht in der Ferne das St.-Annen-Museum (siehe S. 78). Im Ver-
lauf der Mühlenstraße, die wir nun weiter Richtung Rathaus
gehen, finden wir ältere Häuser unterschiedlicher Epochen,
dazwischen viele Neubauten, die in den Bombenlücken aus dem
Krieg errichtet wurden. Hinter dem modernen Kaufhaus von
C & A biegen wir links in die Kapitelstraße ein. Auch hier sind
einige Häuser mit gotischen Stufengiebeln zu sehen. Hinter der
Nr. 5 kann man durch die meist offene Diele in den Garten
schauen. Wir biegen an der Ecke rechts in den Pferdemarkt ein,
überqueren den Klingenberg, gehen die Schmiedestraße aufwärts und können uns nach dem Spaziergang auf dem Platz vor
dem Turm der Petrikirche auf den Bänken ausruhen. Hier ist
1994 eine kleine Ruheinsel mitten im Altstadtlärm geschaffen
worden. Dem Turm gegenüber kann man über die Mauer in den
Kolk schauen und sieht wiederum ein Stück des alten Lübeck,
Ziel unseres nächsten Rundwegs.

Zum Malerwinkel

Dieser Spaziergang führt in ein beschauliches, ruhiges Viertel und ermöglicht Einblicke in eine typische Lübecker Lebensform, das Wohnen in den Gängen, den Hinterhöfen, wo zur Blütezeit der Hanse für die einfachen Arbeitsmänner und Tagelöhner sog. Buden eingerichtet wurden (siehe S. 23). Wir beginnen an der Südwestecke des Marktes. Bei der Post biegen wir in die Holstenstraße ein, die wir hügelabwärts Richtung Holstentor gehen. Wir überqueren die Holstenstraße und wenden uns neben dem Haus Nr. 23 nach links in den Kolk. Von dem neuen Kaufhaus an der Ecke abgesehen, ist der Kolk eine romantische Gasse, die sich im hinteren Teil stark verengt. An das hellgetünchte Haus Nr. 7 („Lübecker Hanse") schließt sich die hohe Kolkmauer an, die den Petrihügel abstützt. Den alten Stufengiebel des Eckhauses Nr. 14 werden wir am Schluß des Spazierganges von oben betrachten können. Der Giebel daneben, Nr. 16, gehört zu einem der schmalsten Häuser der Stadt, das jetzt nicht mehr separat zu betreten ist. Wir biegen rechts in die Kleine Petersgrube ein. Im St. Jürgen Gang Nr. 4 ist der Eingang zum Museum für Figurentheater (siehe S. 88). Die Häusergruppe Nr. 6–10 weist im oberen Teil Fachwerk auf. Nr. 11 ist ein verputztes altes Kaufmannshaus mit hohem Giebel. Wir bleiben, ans Wasser gekommen, einen Augenblick stehen. Am gegenüberliegenden Ufer sehen wir die alten Salzspeicher (siehe S. 67), dahinter die Türme des Holstentores (siehe S. 63).
Den Spaziergang setzen wir nach links fort. Die nächste Straße, die wieder vom Wasser wegführt, ist die Große Petersgrube. Ihre rechte Seite bildet – bis auf die drei letzten Häuser oben – die Musikhochschule (siehe S. 96). Wir wechseln die Straßenseite und gehen am Wasser entlang. Man läuft zwar zunächst zwischen parkenden Autos hindurch, hat aber die Fassaden der Häuser besser im Blick. Nach Überquerung der nächsten Straße, der Marlesgrube, fällt das Haus Nr. 19–20 mit der Backsteinfront und der umlaufenden Galerie auf. Es ist kein alter Bau, sondern ein mit Backsteinen verkleideter Kriegsbunker. Die Bezeichnung

Berühmt ist der Blick vom sogenannten
Malerwinkel an der Obertrave zur
Musikhochschule (Bildmitte). Im Hin-
tergrund ragen die Türme von
St. Marien (links) und St. Petri auf.

„Im Reinfeld" neben dem Tor weist darauf hin, daß dieses Grundstück zum Reinfelder Kloster gehörte. Wir können in den „Fabrikeingang" hineingehen und finden linker Hand einen idyllischen Innenhof mit Ganghäusern, die niemand hinter einem Bunker vermuten würde. Das langgestreckte Gebäude Nr. 21−23 wird im Erdgeschoß gastronomisch, in den Obergeschossen zu Wohnzwecken genutzt.

Gegenüber der Dankwartsgrube führt eine Fußgängerbrücke über die Trave. Wir gehen bis zur Mitte und haben einen herrlichen Blick zurück, sehen die alten Häuser, die Boote links und über allem die Türme der Petri- und der Marienkirche. Der Blick ist oft gemalt worden, weshalb man die Ecke schon lange „Malerwinkel" nennt.

Die Dankwartsgrube ist links noch mit kleinen alten Häuschen bebaut, doch rechts wird die Straße von Mehrgeschoßbauten aus unserem Jahrhundert gesäumt. Hierhin wurden Bewohner von Gängen umquartiert, deren Häuschen in den dreißiger Jahren „wegsaniert" wurden. Da die Gänge sehr eng waren und sich Krankheiten schnell ausbreiteten, sollte der Abriß für Licht und Luft zwischen den Häusern sorgen.

Jenseits der Dankwartsgrube hören die Parkstreifen auf. Man kann am Wasser spazieren und die gepflegten kleinen Häuschen betrachten. Hier ist mitten in der Großstadt noch ein Stück Idylle zu finden. Bei schönem Wetter nehmen die Bewohner ihre Stühle vor die Tür oder stellen sie ans Wasser. Die Pfähle im Gras sind Wäschepfähle. Irgendwo ist bei trockenem Wetter immer Waschtag, so daß man weiße oder bunte Wäsche im Winde flattern sieht.

Jedes Haus hat seinen eigenen Charakter. Die Nr. 25 zum Beispiel ist noch mit einem Giebel des 16. Jahrhunderts ausgestattet. In dem sich anschließenden Viertel sind die Gänge erhalten geblieben. Bevor wir uns einige Gänge, die oft miteinander verbunden sind, anschauen, sollten wir einen Blick auf das Doppelhaus Nr. 30−31 werfen. Die Obergeschosse des Traufenhauses kragen über das Untergeschoß vor, wie die Fachleute sagen. Es ist ein schönes Beispiel kleinbürgerlichen Mietwohnungsbaus

aus der ersten Hälfte des 17. Jahrhunderts, in den Achtzigern
unseres Jahrhunderts liebevoll privat saniert.

Der Durchgang Nr. 29, der Rosenhof, führt auf eine größere,
durch Büsche und Hecken unterteilte Freifläche. Hier standen
die vorher erwähnten, in den dreißiger Jahren abgerissenen
Ganghäuser. Jetzt stoßen wir auf einen Spielplatz mit Sandkiste,
wo die Kleinen spielen können, während die Großen gemeinsam
draußen Kaffee trinken. Wir gehen im Innenhof bei der Sandkiste rechts um die Ecke, finden links den Ausgang zur Hartengrube (Kalands Gang Nr. 52). Ein zweiter Ausgang, Heynars Gang,
führt zur Hartengrube 44. Wir wenden uns „An der Obertrave"
wieder nach links und laufen weiter am Wasser entlang. Die
Nr. 37 ist wieder ein Gang, Rehagens Gang, mit schönen kleinen
Häusern. Die Häusergruppe Nr. 38−42 weist unterschiedliche
Stile auf. Nr. 38 hat einen Stufengiebel, Nr. 39 und 41 sind hellverputzte Traufenhäuser, Nr. 42 ist wieder backsteinsichtig.
Nr. 40 trägt die Bezeichnung Donaths Gang: ein Wohngang, in
dem es im Sommer üppig blüht, selbst aus Zinkwannen heraus.
Nr. 43 ist die sogenannte Roßmühle. Sie wurde 1750 gebaut, um
bei Niedrigwasser, wenn die Wassermühlen stillgelegt waren,
Korn malen zu können. Nach dem Dürresommer von 1746 hatten
die Bäcker sich mit der Forderung nach einer Mühle durchge-
setzt, die vom Wasser unabhängig war. Die Bäcker dachten an
eine Windmühle, doch Stadtbaumeister Adam Soherr ließ eine
Pferdemühle bauen. Im linken Teil des Gebäudes wurden vier
Pferde an ein Kreuz gespannt. Im Kreise trottend, bewegten sie
die Antriebswelle der Mahlwerke im Obergeschoß. Die rechte
Hälfte des Hauses diente als Speicher für Korn und Mehl. Im
Hof standen Pferdeställe. Heute sieht man vom Hof aus die Spitzen der Domtürme über alten Dächern. 1918 wurde die Roßmühle zu Wohnzwecken umgebaut. Gegenüber, am westlichen
Traveufer, sind moderne Villen entstanden.

Um in Stüvens Gang (Nr. 46) zu gelangen, muß man den Kopf
einziehen. Ein Hinweisschild „Bitte nicht füttern" zeugt vom
Verdruß über allzu neugierige und laute Besucher der Gänge. In
Nr. 50, Blohms Gang, sind die Häuser von Efeu und anderen

Kletterpflanzen bewachsen. Es ist ein grüner Gang geworden. Petersens Gang, Nr. 55, ist ein umbauter kleiner Hof. Wir können zwar die Straße „An der Obertrave" bis zum Ende, zum Kleinen Bauhof, weitergehen, doch hier sind fast ausschließlich Neubauten zu finden − natürlich eine Folge des Krieges. Wir wenden uns deshalb gleich nach links in die Effengrube. Rechts sehen wir ebenfalls Neubauten, links noch die kleinteilige alte Bebauung. Wir gehen links in die Nr. 14, Grützmachers Hof. Der Hof führt zwischen Gangbuden zu beiden Seiten hindurch bis zur Hartengrube. Dort angekommen, wenden wir uns ein paar Schritte nach rechts und stehen bei der Nr. 6−8 vor dem ältesten Haus der Straße, in der heutigen Form laut Inschrift 1579 entstanden. Es gehörte zur Domkurie, wird jetzt vom Domorganisten und vom Domküster bewohnt. Das Haus Nr. 20 hat bei der Restaurierung Ende der achtziger Jahre einen rotbraunen Anstrich erhalten, was seinerzeit Gegenstand heftiger Diskussionen war. Sehr schön sind die geschnitzten Fensterumrahmungen des ersten Geschosses. Wer in den Gang Nr. 18 (Schwans Hof) schaut, entdeckt den Petriturm als Fotomotiv. Die zweigeschossigen Häuser mit den charakteristischen Dacherkern sind um 1800 entstanden.

Wir gehen die Straße Richtung Wasser weiter. Neben dem Eingang zur Lichten Querstraße verdienen die Häuser Nr. 28 und 30 unsere Aufmerksamkeit. Es sind Kleinbürgerhäuser aus dem späten 16. Jahrhundert. Das Haus Nr. 28 hat Taustäbe − Steine, die wie ein gewundenes Tau aussehen − als Umrahmung aller Fenster und Blenden, bis hinein in die Spitze des Stufengiebels. Gegenüber steht das frühere Amtshaus der Stecknitzfahrer, wie die Binnenschiffer genannt wurden, die im Domquartier lebten. Wir durchwandern die Lichte Querstraße, setzen den Weg in der Düsteren Querstraße fort, die ein paar Zentimeter enger ist als die Lichte. Der Legunen Gang in der Nr. 3 ist größtenteils neu bebaut. Aus der Querstraße herauskommend, überqueren wir die Straße Marlesgrube und gehen in den Durchgang Nr. 56. Er führt uns in die Depenau, wo wir uns rechts hügelaufwärts wenden. Gegenüber sehen wir die modernen Teile der Musikhoch-

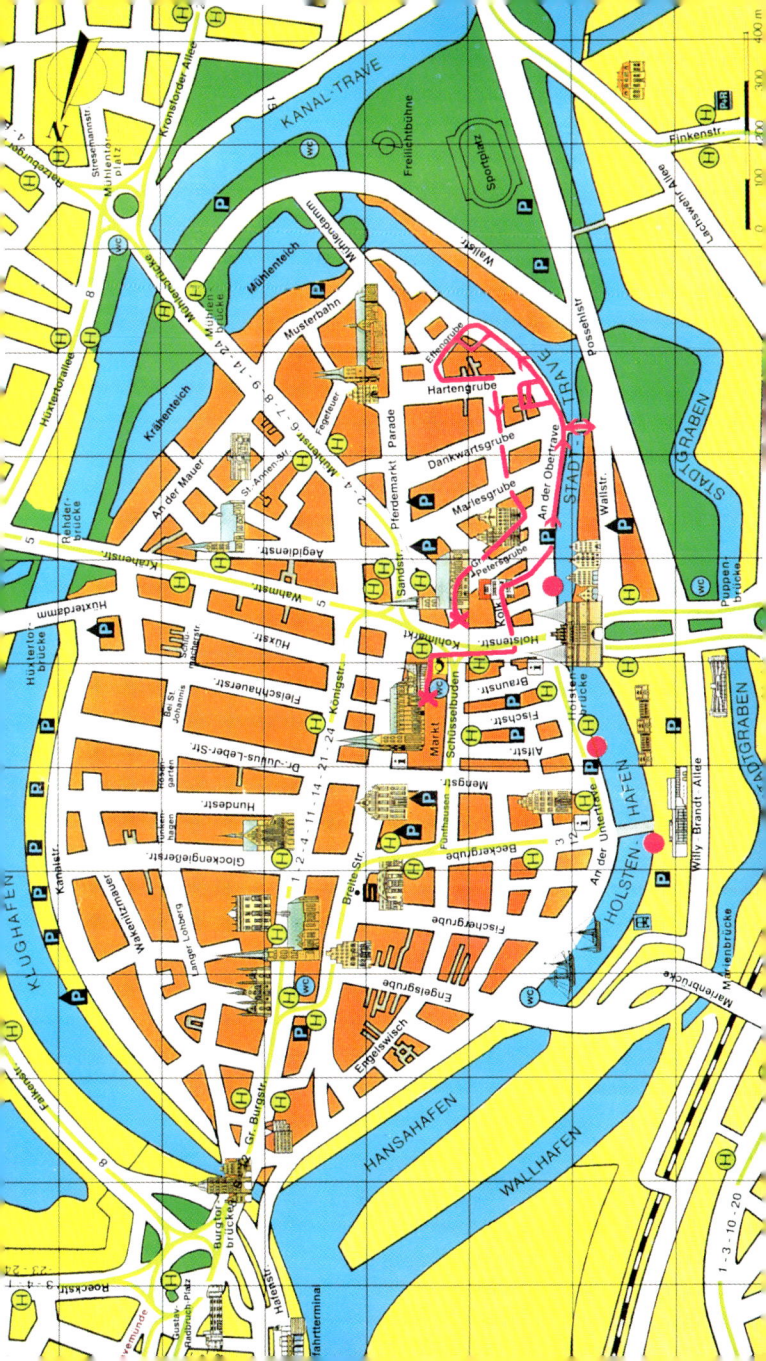

schule mit dem Konzertsaal. Daneben (Nr. 14—20) finden wir die Speicher, deren Vorderhäuser die beeindruckende Zeile der Großen Petersgrube bilden (siehe S. 104). Schöne Backsteingiebel schmücken die Häuser Nr. 31 und 33. Die Nr. 31 hat zwischen erstem und zweitem Obergeschoß einen Terrakottafries aus der Werkstatt van Düren (zweite Hälfte des 16. Jahrhunderts). Die kleinen Häuser Nr. 10 und 12 gehören zu einem Stiftshof, einem Wohnhof für bedürftige Frauen, errichtet 1622 aus dem Testament des Mecklenburger Kanzlers Daniel Zöllner, daher der Name Zöllners Hof. Wir gehen links in die Kleine Kiesau. Auf der linken Seite ist noch alte Bausubstanz erhalten, gegenüber wurden die kriegsbedingten Baulücken mit Parkgarage und neuem Verwaltungsbau geschlossen. Wir biegen rechts in die Große Petersgrube ein und betreten vor der Kirche den Petriplatz. Hier können wir uns ausruhen, die Petrikirche besichtigen oder auf den Turm fahren, um unseren Weg von oben noch einmal nachzuverfolgen. Wer über die hohe Kolkmauer blickt, sieht direkt vor sich wieder die alten Stufengiebel der Häuser Kolk 14—16, bei denen der Spaziergang begann.

Im „Kleine-Leute-Viertel" von St. Aegidien

Wir beginnen unseren Spaziergang wieder am Markt, diesmal an der Südostecke. Das freistehende Gebäude auf Stelzen ist eine Nachbildung des mittelalterlichen Prangers, des Kaak, der ursprünglich etwas weiter Richtung Holstentor stand. Durch den Bau des Riegels zur Holstenstraße nach dem Kriege konnte er in den achtziger Jahren nicht wieder an alter Stelle errichtet werden. Heute als Verkaufsstand für Obst und Gemüse genutzt, beherbergte der Kaak früher die Butterbuden. Die Betonstützen nehmen sich natürlich bei einem mittelalterlich anmutenden Gebäude merkwürdig aus. Wir biegen am Ende der Breiten Straße in die obere Wahmstraße ein, die erst nach dem Krieg ihre heutige Breite bekommen hat. Ihre früheren Abmessungen ahnen wir nach 100 Metern, wenn der alte Straßenzug beginnt. An Alt-Lübeck erinnert das Ensemble Nr. 29−37 auf der linken Seite, das im Bereich der Obergeschosse Backsteingiebel aufweist. Das mit einem dreistufigen Giebel geschmückte Haus Nr. 29 ist das älteste der Gruppe, es wurde um 1500 erbaut. Neben dem Hochgiebel in der Mitte sehen wir rechts und links kleine Seitenblenden. Die drei hohen Häuser Nr. 33−37 stammen aus der Zeit zwischen 1550 und 1560, wobei Nr. 35 und 37 früher als Brauhäuser genutzt wurden. Schön sind in den Fassaden Nr. 33−37 die Medaillons in Terrakotta und Keramik. Die Pforte Nr. 49 führt in Bruskows Gang, einen der kleineren Stiftshöfe mit ein- und zweigeschossigen Reihenhäusern. Über der Pforte sind Stifterwappen zu sehen, in der Mittelzinne des Giebels eine Kruzifixnische.

Der Durchgang Nr. 46 hat keine offizielle Bezeichnung − im Volksmund gehört er zum Hosengang. Der Hof hat nämlich in der Wahmstraße zwei Eingänge, zur Aegidienstraße aber nur einen Ausgang. Der zweite Eingang, neben Haus Nr. 48, ist so schmal, daß er meistens übersehen wird. Die Gänge führen auf einen geräumigen Innenhof mit einer jungen Lindengruppe. Wir nehmen diese Abkürzung zur Aegidienstraße, gehen dort einige Schritte nach rechts, wieder der Stadtmitte zu, um einen Blick auf den „Schild" zu werfen, wie man die Straßengabelung Aegidien- und Schildstraße mit den kleinen Häusern nennt, die dem Aegidienturm im Hintergrund erst richtig zur Wirkung verhelfen. Wir gehen links in die Schildstraße hinein. Das Grundstück Nr. 12 mit dem zurückgesetzt liegenden Gebäude wird „Kleiner Fürstenhof" genannt. Der Fürstenhof erinnert an die zu Wohlstand gekommenen Ackerbürger, die in diesem Viertel − ebenso wie die kleinen Handwerker − lebten. Das Gebäude wurde 1761 errichtet, Ende des 18. Jahrhunderts verändert und beherbergt heute eine städtische Behörde. Der lange Komplex Schildstraße 22−30 ist das Logenhaus. Wie eine Tafel verrät, wurde in diesem Haus 1663 August Hermann Francke geboren, der Begründer der Halleschen Waisenanstalten, die noch heute bestehen. Hinter der Kirche, St.-Annen-Straße 1 bzw. 3, finden wir zwei alte Konventshäuser. Das Haus neben dem jüngeren Eingang Nr. 3 gehörte zum Michaeliskonvent. Er wurde um 1450 für eine nach religiösen Regeln lebende Gemeinschaft von Frauen gestiftet. Die Geschichte von Nr. 1 reicht noch weiter zurück: 1294 wurde erstmals ein hier bestehender Aegidienkonvent in Dokumenten erwähnt. Bis zur Reformation lebten hier Beginen; so nannte man Frauen, die sich aus religiösen, sozialen oder auch aus ökonomischen Motiven zu klosterähnlichen Gemeinschaften zusammenschlossen, ohne die Regeln eines Ordens anzunehmen. Die Frauen beider Konvente kümmerten sich hingebungsvoll um Kranke und Arme. Nach der Reformation wurde aus Nr. 1 ein Wohnstift für Frauen, aus Nr. 3 ein Waisenhaus. Ab 1846 legte man beide Häuser zu einer Armenanstalt zusammen. Heute ist hier das Sozialamt zu finden. Wir gehen um die Aegidienkirche herum und stoßen in der Aegidienstraße 63 auf das ehemalige Koeler-Stift. In den achtziger Jahren hat hier eine Stiftung den Einbau von Studentenwohnungen finanziert. Dem Turm der Aegidienkirche gegenüber fällt eine weiß verputzte kleine Häusergruppe ins Auge, Aegidienkirchhof 1−3, das Werkhaus von St. Aegidien. Angeblich wohnte in Nr. 1, dem geräumigen Haus, der Pastor, im mittleren der Organist und im schmalsten (Nr. 3) der Küster. Wir nehmen uns nun Zeit, um St.

Zu Spaziergängen lädt auch das
Aegidien-Viertel ein. Der Straßenzug
„An der Mauer" – oben die Häusergruppe Nr. 108–120 – lag früher der
Stadtmauer gegenüber. Ein alter Festi-
gungsturm ist mit dem mit Efeu über-
wucherten Haus zusammengewachsen
(links).

Aegidien, einen gotischen Bau mit schönen Kunstwerken, zu besichtigen (siehe S. 50).

Anschließend gehen wir um den Ostteil der Kirche herum rechts in die St.-Annen-Straße. Neben der Nr. 11 liegt, hinter einem Vorgarten, die Synagoge, die in der Nazizeit baulich verändert wurde. Das Gebäude wurde nach dem Krieg wieder als Synagoge hergerichtet, obwohl nur zwei Männer der einst 600 Mitglieder zählenden jüdischen Gemeinde Lübecks den Holocaust überlebten. Lübeck ging unrühmlich durch die Weltpresse, als in der Nacht zum 25. März 1994 einige Räume des Gebäudes durch einen Brandanschlag zerstört wurden.

Der Gebäudekomplex neben der Synagoge beherbergt das schönste der Lübecker Museen, das St.-Annen-Museum (siehe S. 78). Gegenüber dem Eingang öffnet sich der Alte Posthof, ein Gang, in dem sich im 18. Jahrhundert eine Station der Hannoverschen Post befand. Das St.-Annen-Kloster ist 1843 in weiten Teilen abgebrannt. Wir sehen noch einen einst zum Kloster gehörenden Giebel an der Ecke zur nächsten Straße links, der Düvekenstraße, in die wir einbiegen. An der linken Straßenseite, die das Klostergelände abschloß, ist zwischen Nr. 17 und 21 noch ein Teil der alten Mauer zu sehen. Vorher fällt links die Reihe kleiner gepflegter Häuser auf. Es sind Buden — so nennt man die einfachen Wohnungen, die früher für Tagelöhner und einfache Arbeitsmänner eingerichtet wurden — vom Ende des 15. Jahrhunderts bzw. Armenwohnungen des 16. Jahrhunderts. Durch den Bogen am Ende kommen wir zur Straße „An der Mauer", wo wir uns nach links wenden. Die weißen Gebäude auf der linken Seite gehörten zum Wirtschaftsflügel des Klosters. Der große Bau des Spinnhauses wurde erst 1778 errichtet, als das Kloster längst aufgelöst war. Es gehörte zur Zwangsarbeitsanstalt. Interessant ist der turmartige Abschluß des Gebäudes. Rechts sieht man noch einen Halbturm der Stadtmauer, der mit den Wohnhäusern verwachsen ist.

Wir gehen weiter und blicken links in die Weberstraße. Man sieht kleine Wohnhäuser, im Hintergrund St. Aegidien. Der lange Bau auf der rechten Seite hinten wurde 1617 als Flügel den

Konventshäusern als Waisenhaus angefügt. Wir bleiben zunächst
auf der Straße „An der Mauer" und biegen dann links in die Sta-
venstraße ein. Die kleine Gasse hat auf der rechten Seite eine
ganze Reihe versteckt liegender Gänge, zum Beispiel Nr. 41,
Tanks Gang, eine enge Budenzeile. Der nächste Eingang, neben
Nr. 33, ist neu. Auch hier gibt es Wohnungen im Hinterhof.
Nr. 27, Behrens Hof, weitet sich zu einem kleinen Platz mit
Linde. Wir nehmen ihn als Durchgang zur Krähenstraße. Dort
wenden wir uns nach links, Richtung Stadtmitte, überschreiten
die Querstraße und stehen im unteren Teil der Wahmstraße.
Nr. 75 ist der Eingang zu einem Stiftshof von 1481, dem Von-
Höveln-Gang. Die eingeschossigen Buden hinter dem Tor mit
den Sandsteinwappen wurden ab 1792 gebaut.

Wir gehen zurück zur Kreuzung und biegen links in den Baulau-
erfohr ein, überqueren die Hüxstraße und sind in der Schluma-
cherstraße. Auch hier lohnt der Blick in die Wohngänge auf der
rechten Seite. Nr. 35, Haudels Gang, ist mit kleinen Häuschen
bebaut. Ein völlig anderes Bild bietet Nr. 19, der Durchgang zu
Dornes Hof, der 1458 als Stiftung für Arme angelegt wurde. Aus
dieser Zeit stammt das Vorderhaus, das einzige erhaltene gotische Traufenhaus in Lübeck. Die früheren Flügel sind abgebrochen worden. 1974/75 wurden im Hof Altenwohnungen gebaut.
Der Innenhof mit Blumenbeeten, Teich und Ruhebänken erlaubt
eine Pause. Schön ist der Blick aus dem Hof auf die rückwärtige
Front des Vorderhauses. Ein Stück weiter, und wir kommen zu
Zobels Hof, Nr. 5, einem beidseitig bebauten Wohngang mit
neueren Häusern.

Wir erreichen die Fleischhauerstraße und erblicken Richtung
Stadtmitte auf der rechten Seite ein altes Backsteinhaus, das mit
Drachen und Jungfrau geziert ist. Es ist das „Hieronimus", eine
stimmungsvolle Gaststätte, früher eher exklusiv, jetzt von jünge-
rem Publikum bevorzugt. Wir gehen jedoch nicht in die Fleischhauerstraße, sondern weiter geradeaus. Die großen Gebäude auf
der rechten Seite gehören zum Gymnasium Johanneum. Der
Straßenname „Bei St. Johannis" erinnert an das alte Johanniskloster. Die Häuser Nr. 32 und 34 weisen Miniaturgiebel auf,

backsteinsichtig restauriert. Unser Weg führt uns links in die Julius-Leber-Straße. Ein interessantes Gebäude ist die Nr. 67, heute Institut für Aus- und Fortbildung. Es ist das einstige Segeberger Armenhaus, 1438 gestiftet, 1570 nach einem Brand neu errichtet. Die Nr. 37−39 ist der Haasenhof, ein sehr schön restaurierter Hof mit Häusern, die im Inneren modernen Wohnbedürfnissen angepaßt sind, außen jedoch ihre alte Form gewahrt haben. Die Weinhändlerswitwe Elisabeth Haase stiftete den Hof, der zwischen 1726 und 1729 bebaut wurde. Es ist der jüngste der großen Stiftshöfe. Die zweigeschossigen Häuser mit Fachwerk-Dacherkern sind eine beliebte Wohnadresse.

An der Ecke Julius-Leber- und Königstraße steht die Löwen-Apotheke, eines der ältesten Backsteingiebelhäuser der Stadt. Der spätromanische Hintergiebel stammt noch aus der Zeit um 1230. Der Vordergiebel von 1460 ist 1942 eingestürzt und wurde rekonstruiert. Seit 1812 ist hier eine Apotheke untergebracht. An der Löwen-Apotheke vorbei gehen wir Richtung Rathaus. In der oberen Mengstraße (Nr. 4) sehen wir die helle Fassade des Buddenbrookhauses (siehe S. 86), gegenüber St. Marien (siehe S. 42) und das zum Rathaus gehörige Kanzleigebäude, ein zwischen 1484 und 1614 errichteter langgestreckter zweigeschossiger Bau, der 1791 eine neue, seitlich abgeschweifte Giebelfront erhielt.

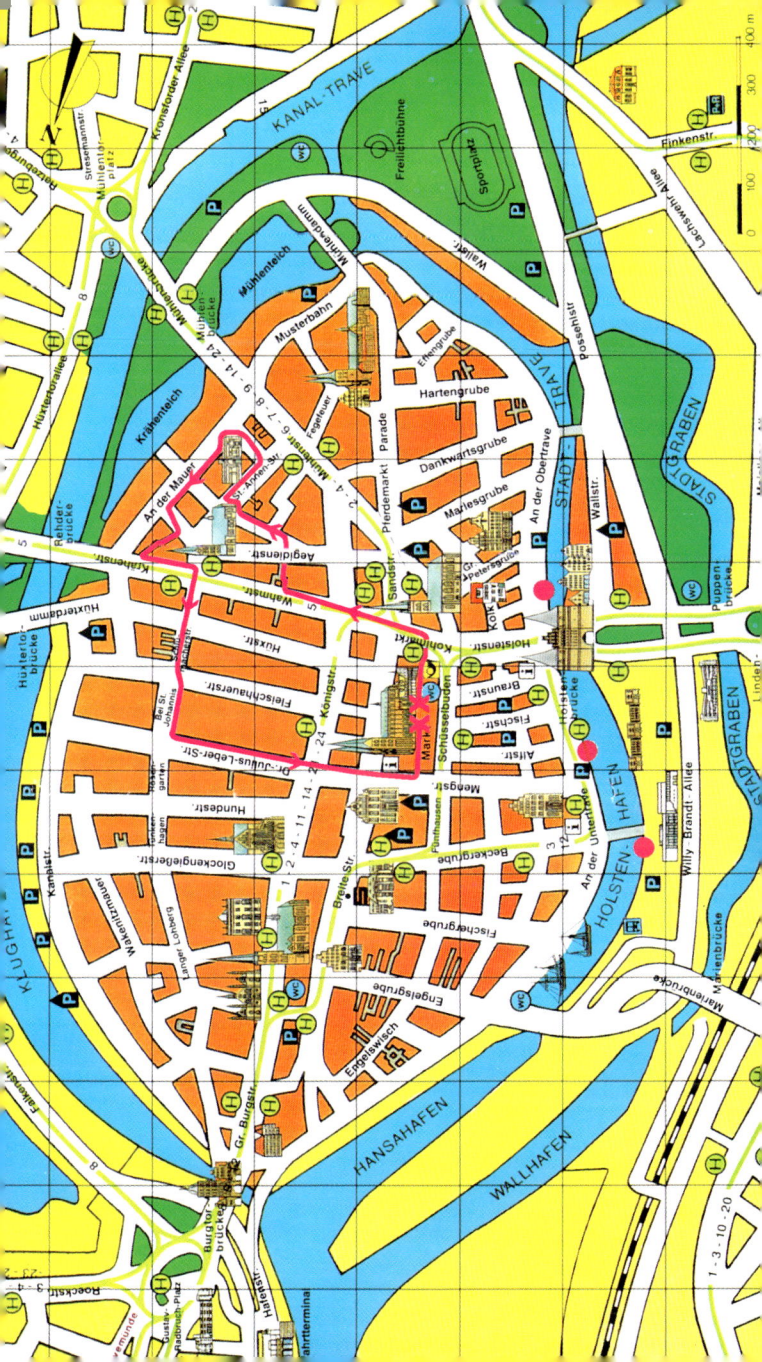

Zu den schönsten Stiftshöfen

Wir gehen vom Markt zur Marienkirche, sehen die aus schwarzen glasierten Ziegeln aufgemauerte Nordwand des Rathauses, bekrönt mit Riesen und Zwergen — so nennt man die großen und kleinen Türme —, und setzen unter den Arkaden des Kanzleigebäudes den Weg fort zur Mengstraße. Der weiße barocke Giebel (Mengstr. 4) gehört zum Buddenbrookhaus (siehe S. 86). Wir aber wenden uns nach rechts in die Julius-Leber-Straße. Das Eckhaus links an der Königstraße, die Löwen-Apotheke, stammt in den Anfängen aus dem 13. Jahrhundert (siehe S. 116). Wir biegen links in die Königstraße ein. Am Haus Nr. 41 erinnert eine Tafel an den Besuch Kaiser Karls IV. im Jahre 1375. Der Monarch logierte damals in der Königstraße, für die Kaiserin waren Räume in der Apotheke eingerichtet. Der Legende nach bauten die Lübecker im ersten Stock eine hölzerne Brücke, damit die Majestäten einander besuchen konnten, ohne auf die Straße gehen zu müssen. Angeblich warteten neugierige Lübecker abends, um zu sehen, wer wen besuchen würde. Die Majestäten hatten das offenbar gemerkt und trafen sich in der Mitte der Brücke. Im Durchgang, dem Haus Nr. 39 gegenüber, ist der Rückgiebel der Apotheke zu sehen, der noch romanische Fensterformen aufweist.

Auf der rechten Seite sehen wir die turmlose Katharinenkirche (siehe S. 54). Entsprechend der Regel der Franziskaner ist sie nur von einem Dachreiter geziert. Die etwas zurückliegenden neugotischen Gebäude sind das Katharineum, wo Thomas und Heinrich Mann zur Schule gingen. Nach der Reformation war Lübecks erste bürgerliche Lateinschule in den alten Klosterräumen eingerichtet worden. Um dem gestiegenen Raumbedarf zu genügen, wurde der Neubau errichtet, in dem jedoch Teile des Katharinenklosters erhalten sind, etwa als Säle der städtischen Bücherei, die sich in der Hundestraße anschließt.

Von der Mauer des Schulhofes aus ist das Haus Nr. 30 gut zu sehen. Der Backsteingiebel stammt aus der Mitte des 14. Jahrhunderts. Das Gebäude wird zwar als Geschäftshaus genutzt, die

Diele ist jedoch erhalten. Auch in den rückwärtigen Garten kann
man einen Blick werfen. Solche Gärten gibt es hinter fast allen
Häusern der Glockengießerstraße, in die wir rechts einbiegen.
Es ist die Straße der größten und schönsten Stiftshöfe. Früher als
Witwen- oder Armenwohnungen errichtet, sind sie inzwischen
im Inneren renoviert worden. Häufig wurden mehrere der sehr
kleinen „Buden" zusammengelegt, so daß zeitgemäße Wohnungen entstanden, die überwiegend von Älteren genutzt werden.
Sie wohnen mitten im städtischen Getriebe wie in kleinen Para-
diesen.

Zunächst werfen wir einen Blick auf das Haus Nr. 2, das sich an
den Chor der Kirche anschmiegt. Die Kartusche – das schild-
förmige Ornament – über der Tür wurde 1760 eingefügt. Die
Nr. 4 beherbergte den Katharinen-Konvent, der 1301 gestiftet
wurde. Später wohnten hier Witwen von Professoren des Katha-
rineums. Unterschiedliche Giebelformen sehen wir bei den Häusern Nr. 6 und 8. Letzteres war ebenfalls ein Armenstift des 14.
Jahrhunderts (Wickede-Stift); heute dienen die Gebäude als Studentenwohnheim. Reizvoll ist der Blick zurück auf die Kirche
und die Häusergruppe 2–8.

Auf der gegenüberliegenden Seite, Nr. 23–27, finden wir den
Füchtingshof, einen besonders schönen Stiftshof. Er wurde aus
dem Testament des Ratsherrn und Schonenfahrers Johann Füch-
ting ab 1638 errichtet. Die Hofhäuser 1–10 auf der linken Seite
sind die älteren Stiftswohnungen. Später kamen weitere Häuser
rechts hinzu. Die linke Reihe wird von einem Vorbau abge-
schlossen, in dessen Obergeschoß das Vorsteherzimmer der Stiftung liegt. Das Zimmer mit gefliestem Fußboden, mit Täfelun-
gen, Stifterporträts, Namens- und Wappentafeln und einer schön
geschnitzten Tür gilt als der schönste Lübecker Raum aus dem
17. Jahrhundert. Nach der Sanierung in den Jahren 1975–77 enthält der Füchtingshof 28 Wohnungen, 20 im Hof, 8 im Vorderhaus. Bewunderung ruft auch das reichverzierte Barockportal
hervor, das Stadtbaumeister Andreas Jeger schuf. Stifterwappen
finden wir über den kleineren Türen rechts und links. Da die
Bewohner, überwiegend ältere Leute, in der Mittagszeit Ruhe

haben wollen, sind Gäste gebeten, sich an Besuchszeiten zu halten (9−12, 15−18 Uhr).

Auf der linken Seite der Glockengießerstraße finden wir schöne Stufengiebel, abwechslungsreich durch Fenster, Blenden oder Luken gegliedert. Die Giebel Nr. 29 und 31 entstanden um 1600. Nr. 39 war ebenfalls einmal Armengang, angelegt ab 1438 durch den Ältermann der Nowgorod-Fahrer, Johann Illhorn. Das spätgotische Vorderhaus stammt aus dem 15. Jahrhundert. Nr. 41, Glandorps Gang, wurde 1612 als Armengang gestiftet. Er ist einseitig mit Buden bebaut. Nr. 49−51 führt in Glandorps Hof, ebenfalls eine Stiftung des Ratsherrn Johann Glandorp und damit einer der ältesten der großen Stiftungshöfe. Das Vorderhaus mit den Zwerchgiebeln stammt aus der Gründungszeit. Die zweigeschossigen Häuschen im Hof − wahre Schmuckstücke − wurden wie der Gang in den siebziger Jahren für heutige Wohnbedürfnisse umgebaut.

Wir biegen von der Glockengießerstraße links in den Langen Lohberg ein. Das Bild des Straßenzuges ist durch Kleinbürgerhäuser geprägt. Auch einige ältere Backsteingiebel haben sich erhalten, zum Beispiel bei Nr. 47, einem alten Brauhaus mit tiefgegliederter Fassade. Bei Nr. 49 ist der Giebel verputzt, wobei das Untergeschoß völlig verändert wurde. Eine weitere Backsteingruppe bilden die Häuser 38−46. Schön ist das Rokoko-Oberlicht der Nr. 46. Die Nr. 33 ist der Ketten Gang, der sich erweitert und bis zu einem Spielplatz führt. Langs Torweg gegenüber, Nr. 24, führt an einigen niedrigen Häusern vorbei auf die Bernd-Schröder-Sonderschule zu, früher Lehrerbildungsanstalt.

Nach rechts öffnet sich der birkenbestandene Weite Lohberg, den man bis an die alte Stadtmauer mit dem Klughafen im Hintergrund hinunter- und auf der anderen Straßenseite wieder hochlaufen sollte − so bekommt man einen schönen Eindruck von den Häusern mit den winzigen Vorgärten. Wieder am Langen Lohberg angelangt, geht es rechts weiter. Beim nächsten Schulgrundstück hat man links einen seltenen Durchblick: Turm und Dachreiter von St. Jakobi stehen genau in Fluchtlinie.

Der kürzlich restaurierte Haasenhof in der Julius-Leber-Straße erinnert an die Kaufmannswitwe Elisabeth Haase (oben). Den Von-Höveln-Gang (links) findet man in der Wahmstraße.

Gegenüber (Nr. 21) liegt der Spönkenhof, ein schöner Wohnhof mit zweistöckiger Bebauung. Zwischen den Häusern Nr. 6—8 und 4 kann man den rückwärtigen Giebel des Heiligen-Geist-Hospitals erkennen. Das quergestellte Fachwerkhaus vor uns mit blau-weiß gestrichenen Fenstern und Türen, das in der warmen Jahreszeit von roten Hängegeranien überquillt, gehört zur Großen Gröpelgrube. Wer etwas Zeit hat, geht zunächst rechts herunter und kehrt vom Straßenende wieder zurück. In diesem unteren Straßenabschnitt findet man einige Gänge und ein Stift: Medings Gang (Nr. 22), Adler Gang (Nr. 45), benannt nach der früheren Gaststätte „Zum Adler", Gemeinschafts Gang (Nr. 37). Das Haus Nr. 16 ist das Gloxin-Stift, errichtet 1819 in dem aus dem 17. Jahrhundert stammenden Gebäude. Ursprünglich lag die Stiftung des Bürgermeisters Gloxin in der Hundestraße. Bei der Übertragung in die Gröpelgrube wurde das barocke Sandstein-wappen mit dem Stiftungsdatum 1659 mitgenommen.

Fast der gesamte Block, den man Richtung Stadtmitte oben links sehen kann, gehört zum Heiligen-Geist-Hospital, auf das wir nun zulaufen. Die Hoftür ist meistens offen. Dem Eingang gegenüber erblickt man das Langhaus des Hospitals. Die anderen den Hof umgebenden Gebäude sind zu modernen Altenwohnungen umgebaut worden. Wir stoßen nun auf die Große Burgstraße. Nach rechts sieht man zum Burgtor, das man sich beim Spaziergang rund um die Altstadt genauer anschauen kann. Links öffnet sich der Koberg, der im Mittelalter als Handelsplatz für die Landbevölkerung diente. Er soll in naher Zukunft von parkenden Autos befreit und zu einem Fußgängerplatz umgestaltet werden. Die Westseite des Koberges wird von der Fassade des Heiligen-Geist-Hopitals bestimmt (siehe S. 62). Die beiden Häuser links daneben (Nr. 10 und 11) gehören zu den ältesten Gebäuden der Stadt. Den südlichen Block bilden die sogenannten Pastorenhäuser (1602/04), und dahinter erhebt sich die Jakobikirche (siehe S. 46). Das auffallende Gebäude auf der Westseite ist Dat Hogehus, das der Industrie- und Handelskammer als Tagungs- und Schulungszentrum dient und mit großem Aufwand restauriert worden ist. Die viergeschossige Putzfront wird durch einige Fenstersimse gegliedert. Das klassizistische Portal ist von Säulen gefaßt. In der Diele sind alte Malereien erhalten.

Das Backsteingebäude mit den geschwungenen Giebeln, das beim Blick in die Kleine Burgstraße ins Auge fällt, gehört zu der 1804 eingerichteten Ernestinenschule. Genauer betrachten sollte man das Haus rechts daneben, Nr. 22. Es ist der Kranen-Konvent, eines der ältesten Backsteinhäuser Lübecks, um 1260 als Beginenhaus errichtet. Die schlichte, gedrungene Form verrät, daß es sich auch für Lübecker Verhältnisse um ein altes Gebäude handelt. Nach der Reformation wurden hier Arme untergebracht, später diente es als Siechenhaus, dann als Altenheim. Neueren Datums sind auf dem Koberg die Häuser des Nordriegels mit Geschäften und Gaststätten.

Wir setzen unseren Weg Richtung Rathaus fort und stehen am Anfang der Breiten Straße vor dem Haus der Schiffergesellschaft (siehe S. 71) mit dem in die Straße vorspringenden Gotteskeller. Im Gebäude Nr. 6–8, dem Haus der Kaufmannschaft, ist die Industrie- und Handelskammer zu finden. Das 1838/39 anstelle eines älteren Amtshauses der Kaufmannskompanie errichtete Gebäude enthält innen Teile alter Einrichtungen aus Lübecker Häusern, zum Beispiel das reichverzierte Fredenhagenzimmer (1572–83).

Wir überqueren die Breite Straße, gehen über den Jakobikirchhof und sind in der Königstraße. Gegenüber (Nr. 5) steht das Haus der Gemeinnützigen Gesellschaft, einer 1789 gegründeten Vereinigung von Bürgern, die sich selbst durch Vorträge weiterbilden, vor allem aber im Sinne eines verantwortungsbewußten Bürgertums auf sozialem Gebiet tätig sein wollten. Fast alle Sozialeinrichtungen der Stadt, von der Behindertenfürsorge bis zur Seemannsmission, und sogar die Gründung der Sparkasse sind von der Gesellschaft angeregt worden, und viele werden nach wie vor von der Gemeinnützigen, wie die Lübecker sagen, getragen. Die Gebäude Nr. 9 und 11, die Museen Drägerhaus und Behnhaus, beherbergen die Kunstsammlungen des 19. und 20. Jahrhunderts (siehe S. 82).

Im Haus Nr. 12 wohnte Emanuel Geibel, der Dichter vieler

Volkslieder („Der Mai ist gekommen"). Sein Vater war Pastor der reformierten Gemeinde, deren Kirche sich hinter der strengen klassizistischen Fassade Nr. 18 verbirgt. Ursprünglich ein großes Backsteinhaus, wurde das Gebäude im ersten Viertel des vorigen Jahrhunderts umgestaltet. Man baute einen halbrunden, theaterähnlichen Gottesdienstraum ein, der 1826 eingeweiht wurde. Hier tagte 1847 die Deutsche Germanistenversammlung. Auf der linken Seite, Nr. 21, steht eins der wenigen erhaltenen Amtshäuser, das der Junker- oder Zirkelkompanie. Es wurde 1777−79 auf dem seit 1479 der Korporation gehörenden Grundstück erbaut. Das Gebäude zieren Bildhauerarbeiten von Dietrich Jürgen Boy. 1824−79 tagte hier das Oberappellationsgericht der vier reichsfreien Städte Hamburg, Bremen, Lübeck und Frankfurt. 1881−1936 war es Staatsarchiv. Jetzt sind dort Schulräume und Filminstitutionen untergebracht, einschließlich des Büros der Nordischen Filmtage.

Gegenüber der Katharinenkirche biegen wir rechts in die Pfaffenstraße ein, die in der Fortsetzung in die Beckergrube mündet. Im oberen Teil auf der rechten Seite steht das 1908 in Betrieb genommene Städtische Theater des Architekten Martin Dülfer. Oper und Schauspiel werden hier geboten. Wir aber biegen am Anfang der Beckergrube links in die Fußgängerzone (Breite Straße). An der Ecke stand bis zum Krieg das Elternhaus von Thomas Mann, an das eine Stele erinnert. Zwischen den neuen Geschäftshäusern hindurch gehen wir auf das Kanzleigebäude des Rathauses zu, 1483−86 als Ratsschreiberei gebaut. Der Giebel zur Mengstraße wurde 1791 erneuert. Wer noch nicht genug gesehen hat, kann der Marienkirche (siehe S. 42) einen Besuch abstatten oder sich im Traditionscafé „Niederegger" die berühmte Marzipantorte servieren lassen. „Café Niederegger" findet man gegenüber vom Rathauseingang.

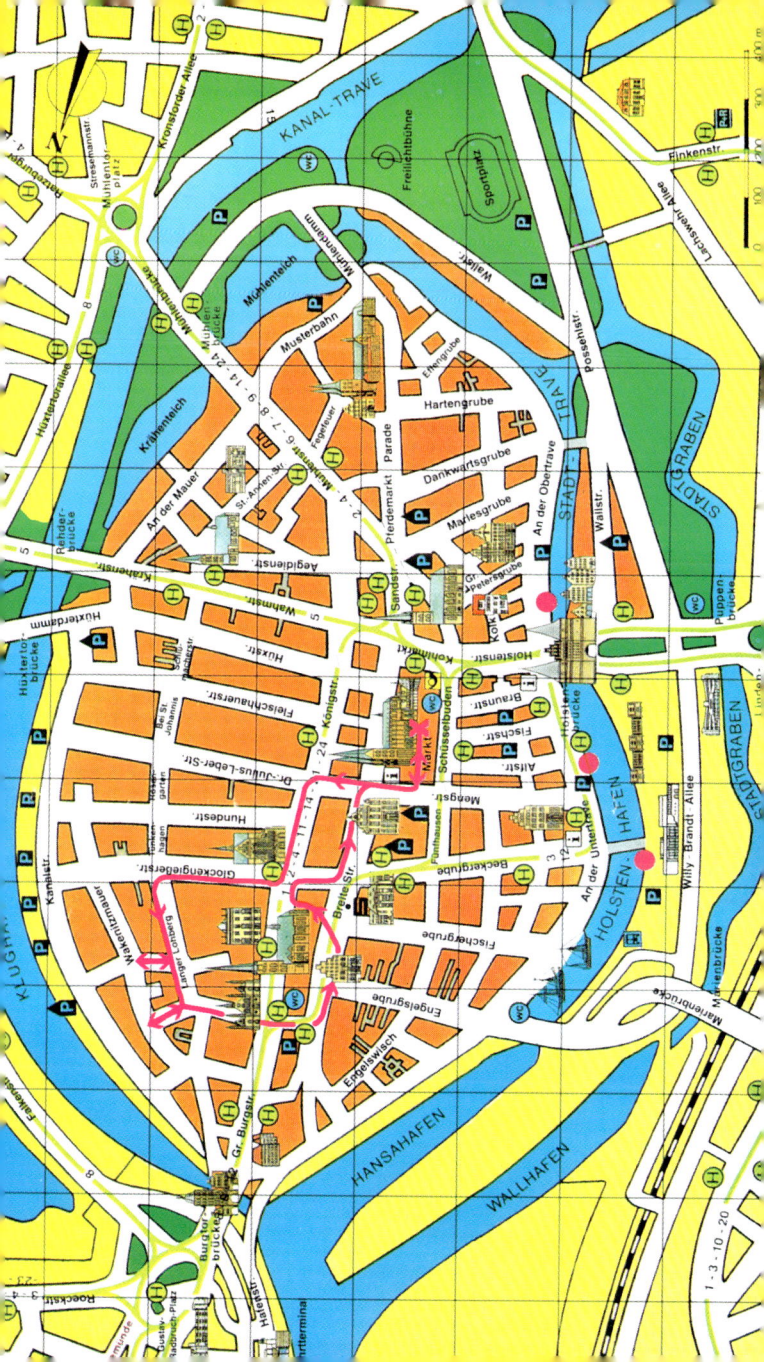

Hafenluft und schmucke Buden:
Das nördliche Stadtquartier

Wir beginnen den Spaziergang ins nördliche Stadtquartier an der Nordwestecke des Marktes, gehen neben dem Touristbüro in den Weiten Krambuden auf die Marienkirche zu und wenden uns rechts zum Rathaus. Unter den Arkaden des Kanzleigebäudes erreichen wir die Mengstraße, der wir links hügelabwärts folgen. Das Gebäude Nr. 4 ist das berühmte Buddenbrookhaus (siehe S. 86). Der obere Teil der Fassade Nr. 6 zählt zu den schönsten hochgotischen Bürgerhäusern. Er stammt aus dem 14. Jahrhundert, steht aber erst seit 1953 an der jetzigen Stelle. Ursprünglich gehörte er zu einem Haus in der Fischstraße, das 1942 ausgebombt wurde, und da die ausgebrannten Fassaden dieser Straße dem Wiederaufbau weichen mußten, wurde der Giebel mit seinen spitzbogigen Nischen und Luken versetzt. Nr. 8, die Wehde, ist das alte Pfarr- und Küsterhaus von St. Marien. Johannes Bugenhagen, der Reformator des Nordens, wohnte hier 1530/31, als er für Lübeck eine neue Stadt- und Kirchenordnung verfaßte. Das Eckhaus Nr. 16 beherbergt Deutschlands ältestes Druck- und Verlagshaus, Schmidt-Römhild. Der Bau entstand nach dem Krieg neu.

Auch in der unteren Mengstraße sieht man die Wunden des Krieges, die durch Architektur der Fünfziger geschlossen wurden. Einige besonders schöne Beispiele der Backsteingotik haben sich allerdings erhalten. Rechts, am Anfang der Blocksquerstraße, fallen die Schwibbögen auf, die als Stützen dienen. Die Häuser Nr. 23–27 der Mengstraße verdienen Beachtung: Die Fassade von Nr. 23 stammt aus dem 16. Jahrhundert, Nr. 25 wurde im Kern sogar im 14. Jahrhundert erbaut und 200 Jahre später umgestaltet; später erhielt das Gebäude die Rokokotür. Am Giebel von Nr. 27 (Mitte des 16. Jahrhunderts) fällt der Terrakottafries auf. Die Backsteingiebel setzen sich links bis zur Querstraße fort. Auf der rechten Seite ist das Schabbelhaus Nr. 48–50 das bekannteste Gebäude (siehe S. 77). Es stammt, wie die Nr. 52 mit den Terrakotten über dem Portal, aus dem 16.

Jahrhundert. Quer zur Mengstraße sieht man jenseits der Trave
die neue Musik- und Kongreßhalle, die im Oktober 1994 eingeweiht wurde. Herzstück des Hauses ist ein Konzertsaal für mehr
als 2000 Besucher, dem sich ein nach drei Seiten offenes Veran-
staltungsfoyer anschließt. Für Kongreßveranstalter stehen außerdem Seminarräume zur Verfügung. Die MuK, wie die Lübecker
ihre neue Attraktion liebevoll nennen, ist ein unprätentiöser,
zurückhaltender Bau in harmonischen Proportionen, der wie ein
Schiff an der Trave vor Anker liegt. Der Architekt Meinhard von
Gerkan aus Hamburg hat mit dem klaren, großvolumigen
Gebäude ganz bewußt einen Kontrapunkt zur kleinteiligen
Bebauung der Altstadt gesetzt.

Auch am Ende der Mengstraße stehen wertvolle historische
Gebäude: die Nr. 64 mit der Werkkunstschule oder das „Zen-
trum" als städtischer Jugendtreff (Nr. 41/43). Das Eckhaus
Nr. 66–70 fällt wegen des prachtvollen Barockportals aus Hau-
stein auf. Die Traube davor verweist auf das traditionsreiche
Weinhandelshaus Carl Tesdorpf, das 1678 gegründet wurde.

Wir gehen nicht bis zum Straßenende, sondern biegen zwischen
den Häusern Nr. 54 und 56 in die Siebente Querstraße ein, überqueren die Beckergrube und setzen den Weg in der Böttcherstra-
ße fort. Hier ahnt man schon die Nähe des Hafens, links zweigt
„Klein St. Pauli" ab, auf Lübecker Verhältnisse gestutzt. Die
Nr. 8 mit der barocken Fassade von 1741 war das Haus der Bött-
cher, die der Gasse den Namen gaben. In der Fischergrube wenden wir uns links zum Wasser. Das Eckhaus hat zur Böttcher-
straße einen Stufengiebel (Nr. 2) und ist zur Fischergrube
(Nr. 79) als Doppelhaus mit geschwungenen hohen Zwerchgiebeln ausgebaut. Mit Nr. 83 ist ein alter, weitausladender Speicher erhalten geblieben. Die Jahreszahl beim Wappen über der
Einfahrt nennt das Jahr 1754. An der Untertrave biegen wir nach
rechts ein und schnuppern nun endlich Hafenluft. Links entdecken wir ein paar Oldtimer der Meere, dahinter die Drehbrücke und die Schuppen des Stadthafens.

Rechts biegen wir in die Engelsgrube ein, Lübecks „gastronomi-
sche Meile" mit Gaststätten und Kneipen für unterschiedlichen

Kultur und Messen bietet seit 1994 die Musik- und Kongreßhalle am Traveufer (oben). Gegenüber liegen die alten Speichergebäude (rechts oben). Das Eckhaus Untertrave/Alfstraße besitzt ein reichverziertes Portal (links). Auf der Trave haben auch die Oldtimer einen festen Platz gefunden (rechts).

Geschmack. Der Name hat nichts mit Engeln zu tun, man nannte die Gegend einfach „englische Grube", weil am Wasser Schiffe aus England entladen wurden. In der Engelsgrube hat der Krieg nicht gewütet, so daß ein Straßenzug von großer Geschlossenheit erhalten blieb. Das hellverputzte Gebäude Nr. 68 mit seinen tiefliegenden Fenstern und Luken war das Haus der Rotbrauer, die ein dunkles Bier herstellten. Backsteinsichtig sind die Giebel der Nachbarhäuser. In Nr. 66, dem „Haus Danzig", haben die Westpreußen Archivmaterial untergebracht, Nr. 64 gehört der Heilsarmee. Auf der rechten Straßenseite zweigen mehrere wie unberührt erscheinende Wohngänge ab, etwa Nr. 77 der Garbereiter Gang, beidseitig bebaut. In Zerrahns Gang (Nr. 73) entzücken die schmucken Buden. Am Vorderhaus (Nr. 71) fällt das vorgekragte Obergeschoß auf. Der Branntweinbrenner Gang (Nr. 61) ist nur durch einen schmalen dunklen Durchgang zu erreichen. Neben dem Haus Nr. 56 mit dem hohen Stufengiebel zweigt links der Engelswisch ab, an dem großartige restaurierte Altstadthäuser stehen. Wir gehen jedoch weiter hügelan, genießen Richtung Jakobikirche ein Stück „Lübeck anno dazumal" − nur die Autos erinnern uns daran, daß wir uns im 20. Jahrhundert befinden. Die Giebel der Häuser Nr. 45 und 47 haben unterschiedliche Abschlüsse; vertikale Hochblenden gliedern den schlanken Stufengiebel Nr. 45, Flachbogenblenden und die Doppelreihe der Fenster geben der Fassade des Nachbarhauses ein behäbigeres Aussehen. Gegenüber, Nr. 38−42, beherbergt der Engelshof hinter neuen Backsteinfronten kleine Geschäfte. Liebevoll pflegen die Bewohner des Bäcker Ganges (Nr. 43) ihre efeubewachsenen Häuser. Der Gang weitet sich zum Platz, knickt rechts ab und führt dann bis zur nächsten Straße, der Fischergrube. Ein weiterer großer Wohngang ist Sievers Torweg (Nr. 31). Er ist seit dem 15. Jahrhundert nachgewiesen. Die 20 Ganghäuser stammen aus dem 18. und 19. Jahrhundert. Am oberen Straßenende trennen Schwibbögen das Haus der Schiffergesellschaft von den hohen, hellverputzten Nachbargebäuden. Die Seefahrerkirche St. Jakobi (siehe S. 46) lädt zur Besinnung ein. Wer hier nicht verweilen will, wendet sich am Koberg nach

links. Wir gehen in die Kleine Burgstraße mit der Ernestinenschule und dem alten Gebäude des Kranenkonventes dahinter
(Nr. 22). Gegenüber, bei Nr. 29, kann man durch einen dunklen
Zwischengang mehrere Stufen hochsteigen und steht in einem
Gang, dessen kleine Häuser parallel zur Straße liegen. Eine
unerwartet großräumige Grünanlage mit Ruhebänken, Bäumen
und Rosenstöcken findet man dagegen hinter dem Kranenkon-
vent, Eingang neben Nr. 20, dem Sophie-und-Heinrich-Hagen-
Heim, zu dem im Vorderhaus und in den Flachbauten des Hofes
27 Altenwohnungen gehören. Den Flügel des Kranenkonventes
oder seine Rückfront kann man vom Hof aus in Ruhe betrachten.
Wir kehren zur Straße zurück, setzen den Weg links fort und biegen am Ende der Kleinen Burgstraße in die Große Altefähre ein.
Dieser Straßenzug knickt links zur Trave hin ab, während wir
geradeaus in die Kleine Altefähre gehen. Vor uns sehen wir
rechts die Reste der alten Hofmauern des Burgklosters und daneben das Beichthaus der Dominikaner, um 1367 erbaut. Am
Anfang der Mauer gehen wir rechts die Burgtreppe hinauf. Oben
angekommen, entdeckt man links hinter einem Spielplatz das als
Atelier genutzte Beichthaus des Klosters. Die übrigen erhaltenen
Gebäudeteile sind zum Museum Burgkloster umgebaut worden.
Das Eckhaus dem Eingang gegenüber („Dominikanerschänke")
trägt die Jahreszahl 1287. Die Formen und die schiefen Fenster
des ersten Obergeschosses sind alt, der helle Putz mit aufgemal-
ten Fugen verrät ein Stück Lebensgeschichte des Hauses. Dem
Museum Burgkloster schließen sich neugotische Gebäude an,
die als Schule, als Gericht, als Versorgungsamt genutzt wurden
oder werden. Hier erhob sich einst die gotische Burgkirche. Sie
wurde im vorigen Jahrhundert wegen konstruktiver Mängel
abgebrochen.
Wir stoßen auf die Große Burgstraße, sehen links das Burgtor
(siehe S. 70), wenden uns nach rechts. Auffallend ist die Breite
der Straße. Hier wurden früher die Pferdewagen abgestellt,
wenn die Bauern ihre Waren zum Markt auf dem Koberg brachten. Auch hier findet man gelegentlich einen Gang, zum Beispiel
Nr. 43, Käselaus Gang. Man steigt hinter dem Durchgang ein

paar Stufen abwärts, sieht einige kleine Häuser und hat vor allem nach links einen Blick auf verwinkelte Giebelchen. Auch der Blick zurück auf die Rückseite des Vorderhauses ist spannend. In der Großen Burgstraße beherrscht nun wieder der Koberg mit dem Heiligen-Geist-Hospital und St. Jakobi das Blickfeld. Vom Koberg kehren wir entweder durch die Königstraße oder die Breite Straße zurück zum Markt, oder wir machen einen Umweg, der uns vor allem durch den Engelswisch führt, den wir vorher nur gestreift haben. Dazu biegen wir an der Nordwestecke des Kobergs wieder in die Kleine Burgstraße ein, laufen weiter zur Großen Altefähre und folgen bei der nächsten Kreuzung diesem abknickenden Straßenzug nach links, Richtung Hafen. Die erste Querstraße links ist der Engelswisch. Auffallend sind die Häuser Nr. 17–21, drei ehemalige Brauhäuser mit hohen Stufengiebeln, um 1570 erbaut. Nr. 33, der Thorweg, führt in einen modern anmutenden Gang. Wir gehen, notgedrungen tiefgebückt, bei der Nr. 28 in den Hellgrünen Gang. Hinter dem Straßenhaus tut sich ein regelrechtes Gängeviertel auf. Wir halten uns links, lassen den Kinderspielplatz rechts liegen und finden hinter dem Spielplatz ein breites Tor, das zur Straße Alsheide führt. Wir wenden uns nach links und sind bald wieder im Engelswisch. Fast himmelhoch steigt in der engen Straße das Eckhaus auf, Engelswisch 50, das sogenannte Schwanenhaus. Seit dem 14. Jahrhundert stand hier ein Brauhaus. Das jetzige Gebäude stammt aus der Zeit um 1580. Wir gehen nach rechts weiter, überqueren die Engelsgrube und setzen den Weg geradeaus durch die Schwöneken Querstraße fort. Ihre meist verputzten Häuser sind nicht unbedingt spektakulär, aber häufig von historischem Interesse. Wir überqueren Fischer- und Beckergrube, halten uns weiter geradeaus und kommen durch die Kupferschmiedestraße und Fünfhausen zur Marienkirche, wo der Spaziergang begann.

Travemünde:
Lübecks „schönste Tochter"

Das Ostseebad Travemünde wird gern „Lübecks schönste Tochter" genannt. Stadtteil Lübecks ist das Seeheilbad offiziell jedoch erst seit 1913. Allerdings erwarb die Stadt den Ort und das Land an der Mündung der Trave in die Ostsee bereits im 14. Jahrhundert, vorwiegend aus strategischen Gründen. Wer die Flußmündung besaß, konnte den Verkehr in den 15 Kilometer traveaufwärts gelegenen Hafen kontrollieren.

Die Gegend des heutigen Travemünde ist altes Siedlungsgebiet. Um 1150 ließ Adolf II. von Holstein, der erste Gründer Lübecks, auf einer in den Fluß vorspringenden Nase, dem Stülker Huk, eine Wehr anlegen. Sie wurde 1181 von slawischen Obotriten zerstört. 1187 setzte sein Nachfolger Adolf III. sich endgültig in Travemünde fest. Zunächst wurde ein Turm errichtet, sicherlich auch, um von Schiffen, die nach Lübeck fuhren, Zoll verlangen zu können. Wenig später, im sogenannten Barbarossa-Privileg von 1188, bestätigte der Kaiser den Lübeckern jedoch die Fischereirechte auf der Trave sowie in der Pötenitzer Wiek und dem Dassower See. Konflikte waren vorprogrammiert. Sie endeten erst, nachdem Lübeck gegen Zahlung einer hohen Summe vom Grafen das Recht erhalten hatte, den Turm und die Befestigungen zu schleifen. Das geschah 1320. Im Jahr 1329 zahlte die Stadt zum zweiten Mal: Diesmal kauften die Lübecker dem Holsteiner Grafen den Ort Travemünde ab. Sie waren damit Herren der Schiffahrt, was für die aufstrebende See- und Handelsstadt lebenswichtig war.

Der Ort Travemünde selbst ist als Siedlung seit 1219 nachgewiesen. Knapp 100 Jahre später, 1317, erhielt er Stadtrechte. Den Lübeckern bestätigte Kaiser Friedrich II. 1226 mit der Reichsunmittelbarkeit zugleich die zuvor erworbenen Rechte im Mündungsgebiet der Trave. Mehrfach brannte die hier gelegene Fischersiedlung im 15. und 16. Jahrhundert ab. Sie wurde wie die dem heiligen Laurentius, norddeutsch St. Lorenz, geweihte alte Fischerkirche immer wieder aufgebaut.

Einige fortschrittlich gesonnene Ärzte propagierten bereits Ende des 18. Jahrhunderts die gesundheitsfördernde Wirkung des Badens in der See. Die Travemünder, denen man das englische Seebad Brighton als Beispiel hinstellte, winkten ab, als sie für die notwendigen Bade-Einrichtungen das Leuchtenfeld, ihre Viehweide, opfern sollten. Am Strand stellte allerdings ein weitsichtiger Gastwirt im Jahre 1799 Badekarren auf, und die Entwicklung ließ sich auch sonst nicht aufhalten. 1802 erhielt Travemünde als dritter deutscher Ort nach Heiligendamm und Norderney den Titel eines Seebades. Unter Führung des Arztes Nikolaus Brehmer hatten zehn Bürger eine Seebadeanstalt gegründet. Sie wurde 1814 an einen geschäftstüchtigen Privatmann, Joachim Grube, veräußert, der ein Logierhaus und das erste Kurmittelhaus baute. Weitere Einrichtungen folgten schnell. Grube stellte in seiner Warmbadeanstalt Wannen auf, in die Badeknechte erwärmtes Meerwasser füllten. Man achtete auf Sauberkeit: Für jeden zahlenden Gast – das gesunde Vergnügen war nicht billig – wurde das Wannenbad neu bereitet. An die frischen Wassertemperaturen draußen mußte man die Gäste erst nach und nach gewöhnen.

Das Bad im freien Meer war lange verpönt. Man stieg, vor Späherblicken geschützt, innerhalb eines Badekarrens ins feuchte Element. Als um die Wende zum 20. Jahrhundert die ersten Strandkörbe aufgestellt wurden, setzten sich die Kurgäste noch immer nur hochgeschlossen den Blicken der Neugierigen aus. 1897 kaufte die Stadt die Seebadeanstalt und die Kurmitteleinrichtungen. 1898 wurde nach Plänen von Baudirektor Peter Rehder eine steinerne Strandpromenade angelegt, die fünf Jahre später schon eine Länge von zwei Kilometern hatte. Travemünde war zu Beginn unseres Jahrhunderts ausgesprochen „in", allein schon deshalb, weil Kaiser Wilhelm II. sich häufig hier aufhielt. Er pflegte von hier aus seine Seereisen zu starten. Seitdem Schiffsverbindungen nach Kopenhagen, Riga und St. Petersburg bestanden, kamen auch immer mehr Gäste aus dem Ausland.

Wahrzeichen des Ostseebades Travemünde ist der alte Windjammer, die Viermastbark „Passat", heute ein Museumsschiff.

Gogol und Turgenjew schrieben über Travemünde. Dostojewski floh hierher, um vor seinen Gläubigern Ruhe zu haben. Matthias Claudius, Joseph von Eichendorff, Emanuel Geibel, Wilhelm Raabe gehören zu den illustren Persönlichkeiten des deutschen Geisteslebens, die in Travemünde ihren Erholungsurlaub verbrachten. Richard Wagner mußte zwangsläufig bleiben, da sich die geplante Schiffsreise nach Riga wegen schlechten Wetters verzögerte. Angeblich blätterte er beim Warten in Volksbüchern und fand in Travemünde den Stoff zu den „Meistersingern von Nürnberg". Thomas Mann beschreibt Travemünde-Ausflüge, und Clara Wieck erzählt in einem Brief an Robert Schumann begeistert von einer Segelpartie.

Nach dem Zweiten Weltkrieg machte Travemünde eine stürmische Entwicklung durch: 1957 erhielt es die Anerkennung als Heilbad, 1966 wurde ein modernes Meerwasser-Bewegungsbad eröffnet und in einen Neubaukomplex mit Kurmittelzentrum einbezogen, 1970 wurde die Strandpromenade bis zur Badeanstalt Mövenstein verlängert. Das neue Strand-Centrum (SC) mit Meerwasser-Bewegungsbad, beheiztem Außenbecken auch für den Winter, Saunen und Solarien konnte 1974 eingeweiht werden. In der Therapie-Abteilung werden verschiedenste gesundheitsfördernde Programme angeboten. Das SC wurde regelmäßig modernisiert und besitzt mit dem „Aqua Top" eine zeitgemäße Bade- und Erholungslandschaft.

Diskussionen lösten Anfang der siebziger Jahre neue Bebauungspläne für den strandnahen Bereich aus. Sie entzündeten sich vor allem an einem Hochhaus, das für das Hotel „Maritim" geplant war. 1973 wurde das im Grundriß 55 mal 22 Meter messende Haus eingeweiht. 108 Meter ragt es am Strand auf, beherbergt ein Kongreßzentrum sowie zahlreiche Appartements und mehrere hundert Hotelbetten. Im 35. Stock ist ein Restaurant der gehobenen Klasse zu finden. Es wird nur noch vom Blinkfeuer überragt, das der Schiffahrt den Weg zum Skandinavienkai weist. Der 31 Meter hohe alte Leuchtturm jenseits des Parkplatzes hat ausgedient. Er kann als Baudenkmal besichtigt werden. Der Park neben dem „Maritim" trägt den Namen Brügmanns-

garten. Fritz Brügmann war der letzte Besitzer des 1810 erbauten
Speisehauses der alten Seebadeanstalt. Der Musikgarten mit der
Konzertmuschel wurde 1962 eingeweiht; der neue Kursaal
stammt aus dem gleichen Jahr. Seit 1949 rollen im Casino gegenüber, das über eine eigene Gastronomie verfügt und auch Kon-
zerte veranstaltet, die Roulette-Kugeln. Das Casino ist ganzjährig geöffnet. Eine Spielbank hatte es in Travemünde schon im
vorigen Jahrhundert gegeben. Sie war 1822 eröffnet worden und
half mit ihren Erträgen Notleidenden und Waisen. 1872, nach
Gründung des Norddeutschen Bundes, dem Lübeck als Mitglied
angehörte, mußte sie geschlossen werden. Die Statuten des Bundes ließen den Betrieb von Spielbanken nicht zu.

Parallel zur Strandpromenade liegt die Kaiserallee. 1880 wurden
die Lindenreihen gepflanzt. Der Name erinnert an die Besuche
von Kaiser Wilhelm II., der 1894 zum ersten Mal mit seiner
Yacht „Meteor" zur Travemünder Woche kam. Strandallee und
Kaiserallee werden von Hotels, Pensionen und Gaststätten
gesäumt.

Vorbei am Dr.-Heinrich-Zippel-Park kommt man zum alten
Fischerdorf rund um die St.-Lorenz-Kirche. Hier findet man
noch die schmalbrüstigen Häuschen mit Stufengiebeln oder
barocken Fassaden. Der Autoverkehr beeinträchtigt natürlich
die Idylle. Die alte Fischerkirche St. Lorenz, ein einschiffiger
Saalbau mit rechteckigem Chor, stammt in der heutigen Form
aus dem 16. Jahrhundert. Sie wurde nach einem Brand 1557 wieder geweiht; der 62 Meter hohe Turm war allerdings erst 1620
vollendet. Die bemalte Holzdecke vom Anfang des 17. Jahrhunderts wurde ab 1990 freigelegt, nachdem sie 120 Jahre lang unter
einer hellen Putzdecke verborgen war. Den Altar stiftete 1723 die
Bürgermeistertochter Anna Rodde, die Kanzel wenige Jahre später ihre Schwester.

Weiter Richtung Lübeck erstreckt sich der Skandinavienkai.
Sommers wie winters legen hier die großen Frachtfähren und
Passagierdampfer an, ist doch Travemünde einer der größten
Fährhäfen Nordeuropas. In der inneren Bucht müssen die Kapi-
täne die Motoren stark drosseln, da hohe Bugwellen bei größerer

Geschwindigkeit nicht nur den Badebetrieb stören, sondern auch das Steilufer unterspülen würden, das sich nördlich der Promenade anschließt. Dieses Brodtener Steilufer gehört zu den besonderen Naturschönheiten der Lübecker Bucht. Es ist ohnehin dem freien Spiel der Naturkräfte ausgesetzt. In jedem Winter reißen Stürme und Wellen Teile in die Tiefe, so daß der Wanderweg in 20 Meter Höhe immer wieder korrigiert werden muß.

Der Skandinavienkai wurde 1962 mit der ersten „Nils Holgersson" eingeweiht, die die „TT-Line" zwischen Travemünde und dem schwedischen Trelleborg eröffnete. Inzwischen verkehrt auf dieser Strecke bereits die fünfte „Nils Holgersson". Die Schiffe wurden immer komfortabler und immer größer. 1962 legte pro Tag eine Fähre an. Sechs Jahre später war es im Schnitt schon ein Dutzend, weshalb die Kaianlagen immer weiter ausgedehnt werden mußten. Mit dem achten Anleger scheint vorerst Schluß zu sein. Er grenzt nämlich direkt an das Naturschutzgebiet „Dummersdorfer Ufer". Wirtschaft und Naturschutz gerieten schon beim Bau dieses Anlegers heftig aneinander. Als der Skandinavienkai 1992 seinen 30. Geburtstag „feierte", gratulierten 21 Reedereien und internationale Speditionen, die am Kai „zu Hause" sind. Fährverbindungen gibt es zu allen skandinavischen Ländern, Finnland eingeschlossen, dazu nach Polen, Rußland und zu den baltischen Staaten.

Nicht nur am Skandinavienkai legen Schiffe an und ab. Direkt im Ort starten Ausflugsboote, einschließlich der beliebten Butterdampfer. Im Fischereihafen tummeln sich Kutter und andere Boote. Segelschiffe und Yachten haben ihre Stammplätze auch auf dem Ostufer, dem Priwall (siehe S. 142). Auch das Wahrzeichen des Ostseebades liegt vor dem Priwall. Es ist die Viermastbark „Passat". Sie befuhr einst, wie andere P-Liner des Hamburger Reeders Ferdinand Laeisz, die Weltmeere. Nach einem wechselvollen Schicksal geriet das 1911 bei Blohm und Voss in Hamburg gebaute Schiff im Herbst 1957 in Seenot und konnte mit Schlagseite gerade noch Portugal erreichen. Im gleichen September-Sturm sank ein Schwesterschiff, das Segelschulschiff „Pamir", im Atlantik und riß 80 Seeleute in den Tod. Das

Den Einkaufsbummel unternimmt man
in Travemünde gern in der Vorderreihe
(oben). Mittelpunkt des alten Fischerortes war früher die St. Lorenzkirche,
die nach mehreren Bränden im
16. Jahrhundert wiedererrichtet wurde
(links).

war das endgültige Ende der großen Lastensegler. Auch die „Passat" wurde stillgelegt. Die Stadt Lübeck kaufte das stolze Schiff 1960. Es wurde unter Verwaltung des Sportamtes zu einer internationalen Begegnungsstätte und als Museumsschiff ausgebaut. Viele Jahre diente es dem Deutsch-Französischen Jugendwerk für Kurse im Sommer. Inzwischen kann man es für Vereinsfeste und Familientreffen mieten. Ein privater Verein „Rettet die Passat" hilft der Stadt, die enormen Unterhaltungskosten aufzubringen.

Der Priwall, eine von Mecklenburg aus in die Lübecker Bucht ragende Landzunge, bietet ideale Bademöglichkeiten für Kinder. Die Landschaft ist durch Dünen geprägt, ein flacher Vorstrand reicht weit ins Meer. Während sich Travemünde zu einem Kurbad für die große Welt entwickelte, wurden die Kinder ärmerer Bevölkerungskreise auf den Priwall in die „Sommerfrische" geschickt. Jugendherbergen, Wanderheime und Zeltplätze dienten zur Übernachtung. Der „Verein für Ferienkolonien" betreute diese Unterkünfte. Nach dem Ersten Weltkrieg wurde ferner eine ausgedehnte Wochenendkolonie angelegt, eine moderne Jugendherberge folgte nach dem letzten Krieg.

Mit Travemünde ist der Priwall ganzjährig durch die Autofähre verbunden. In der Saison verkehrt zusätzlich eine Personenfähre auf der Höhe der „Passat". Beim Anleger der Autofähre ist auf dem Priwall mit dem „Rosenhof" ein großes Bauprojekt verwirklicht worden. Moderne Senioren-Residenzen sind entstanden, viele Zimmer mit direktem Blick aufs Wasser, auf die Segler und die Fähren.

Höhepunkt des sportlichen Geschehens in Travemünde ist Ende Juli die Travemünder Woche. Während die Kieler Woche das internationale Sportereignis in Deutschland ist, bezeichnen Segler aus aller Welt das Treffen in Travemünde gern als großes Familienfest. Natürlich werden Meisterschaften ausgesegelt, deutsche und internationale. Daneben aber wird die Geselligkeit gepflegt — seit mehr als 100 Jahren. 1889 gab es die erste Wettfahrt vor Travemünde, allerdings in eher privatem Rahmen. Zwei Hamburger segelten um die Wette. Angeblich gab es eine

Flasche Rotspon als Preis. Bald wurden die Regeln strikter, die Zahl der Boote und der Sportler stieg. Kaiser Wilhelm II. und sein Bruder, Prinz Heinrich, waren mehrere Male dabei. An sie erinnern zwei Anleger, die Kaiser- und die Prinzenbrücke. Die bunten Segel auf der Bucht kann man bei Regattabegleitfahrten, aber auch vom Brodtener Steilufer von erhöhter Warte aus beobachten.

Wer längere Zeit in Travemünde ist, sollte unbedingt einen Spaziergang auf dem Brodtener Steilufer zur Hermannshöhe machen. Hin- und Rückweg sind etwa fünf Kilometer lang. Die Wanderung beginnt am Ende der Promenade, bei der Badeanstalt Mövenstein. Ein Wegweiser „Hermannshöhe, Brodtener Ufer" weist hügelan in einen Buchenwald. Hinter dem Waldstück folgt freies Feld. Man folgt einfach der Küste. Hinweistafeln informieren über Tier- und Pflanzenarten am Steilufer. Die Abbruchkante ist in den Biegungen gut zu sehen. Der Blick schweift frei über die Bucht nach Mecklenburg. Segelboote, Ausflugsdampfer, Fracht- und Fährschiffe beleben die Szene. Nach einer guten halben Stunde bereits erreicht man die Hermannshöhe, so benannt nach dem Lübecker Bürgermeister Hermann Fehling, der im vorigen Jahrhundert den ersten Wanderweg auf der Höhe des Steilufers anlegen ließ. Auf der Hermannshöhe kann man im gleichnamigen Restaurant einkehren und sich für den Rückweg stärken. Man kann den gleichen Weg zurückwandern, oder man setzt ihn am Ufer bis zum nächsten Ort, Niendorf, fort. Von dort aus fahren Busse zurück nach Travemünde.

Wanderungen in der Nachbarschaft

Reetgedeckt am Fluß: Gothmunds Fischerkaten

Lübeck besteht nicht nur aus der alten Stadt und den neuen Trabantensiedlungen, die nach dem Kriege entstanden sind. Zu Lübeck gehört auch der alte Fischerort Gothmund an der Trave. Einen Bummel zwischen den Fischerkaten kann man mit einer Wanderung durch das Naturschutzgebiet Schellbruch verbinden. Wer mit dem Auto fährt, verläßt die Stadt Richtung Norden über das Burgfeld und die Travemünder Allee. Von dieser Schnellstraße biegt man Richtung Israelsdorf/Gothmund ab und fährt dem beschilderten Weg nach zum Tierpark, wo man den Wagen abstellen kann. Allerdings ist der Ausgangspunkt der Strecke gut per Bus zu erreichen. Die Buslinie 2 bringt uns ab Gustav-Radbruch-Platz (Burgfeld) über die Travemünder Allee, am Ehrenfriedhof vorbei nach Karlshof und Israelsdorf.

Wir steigen bei der Haltestelle „Tierpark" aus, laufen ein paar Schritte zurück, überqueren vor dem Eingang zum Tierpark die Waldstraße und gehen rechts in die Medebekstraße, der wir bis zum kleinen Parkplatz am Hundefreilauf folgen. Nach etwa 50 Schritten biegen wir rechts in den Waldlehrpfad ein, der ins Gehölz führt. Schilder erläutern Flora und Fauna. Der Pfad stößt nach einigen hundert Metern auf einen Querweg. Rechts sehen wir eine kleine Schutzhütte. Wir wenden uns jedoch nach links, überqueren den Bach, die Medebek, und bleiben auf dem Weg, der in das Naturschutzgebiet Schellbruch hineinführt. Der Schellbruch besteht aus einem typischen Bruchwald, zahlreichen Teichen und Gewässern. Schilflandschaften, Sumpfgürtel und Erlenbrüche wechseln einander ab. Der Waldweg macht bald eine kleine Rechtskurve, der wir bei feuchtem Boden folgen sollten. Sonst kann man geradeaus direkt an den Viehweiden entlanggehen und trifft am Ende des Gehölzes auf einen Weg, der an einem Binnengewässer, der Großen Lagune, entlangführt.

Idylle am Rande der Großstadt bietet
das Fischerdorf Gothmund mit seinem
Hafen und den reetgedeckten Häusern.

Wir biegen rechts ein und sind bald an der Beobachtungs- und Informationsstation des Stadtforstamtes angelangt, wo wir auf Schautafeln alles über das Naturschutzgebiet erfahren. Hier ist auch der Waldweg zu Ende, den wir vorher verlassen haben. Die Lagune bietet zahlreichen Wasservögeln − Enten, Sägern, Tauchern und der Rohrdommel − Schutz und Lebensraum.

Der Weg führt bald am Hang entlang und nähert sich immer mehr der Trave. Am Schluß sind es nur einige Schritte nach links, und wir stehen direkt am Flußufer, und zwar auf dem alten Treidelweg. Hier wurden früher die Kähne flußaufwärts gezogen. Der Weg ist ausgebaut, wir biegen rechts ein. Links sehen wir die Trave mit Booten, Kähnen, Enten und Schwänen, rechts die Wasser- und Schilflandschaft des Schellbruchs. Jenseits des Flusses entdeckt man das Fabrikgelände von Villeroy und Boch. Nach etwa einer halben Stunde weitet sich der Fluß und gibt Raum für den kleinen Fischerhafen von Gothmund. Rechts dahinter am Hang staffeln sich die reetgedeckten Häuser der Fischer. Am Hafen vorbei gehen wir auf den Ort zu, biegen gleich links in den Fischerweg ein und finden uns mitten in einer Idylle wieder. Die kleinen Katen, die liebevoll gepflegten Reethäuser und die schmucken Gärten entzücken das Auge. In der Luft liegt der Duft von Räucherfisch. Einer der Fischer bietet Kutterfahrten an. Bis zu zwölf Personen kann Peter Witt auf seinem Kutter „Rüm Hart" mitnehmen. Der Weg endet bei der „Fischerklause", einem gepflegten Gasthof. Wir gehen hinter dem Gasthaus rechts den Berg hinauf zum Wanderweg „Am Waldrand", der auf halber Höhe links ins Gehölz führt. Der Weg bringt uns zum „Kattegat" mit einem kleinen Bootshafen und der Hochbrücke in der Ferne. Die Brücke muß für große Schiffe aufgeklappt werden, wodurch der Verkehr Richtung Travemünde jedesmal unterbrochen wird. Wir laufen auf die Brücke zu, nehmen rechts davor den Fußweg, steigen die Böschung hinauf und sind oben bei der Bushaltestelle „Am Stau" angelangt. Hier können wir mit der Linie 2 zum Burgfeld oder mit der Linie 1 zum Burgfeld und zum ZOB zurückfahren.

Wegstrecke: etwa 6 km, Wanderzeit: ungefähr 2 Stunden.

Warmes Mikroklima im rauhen Norden:
Das Dummersdorfer Ufer

Lübeck hat ein zweites Naturschutzgebiet an der Trave, das Dummersdorfer Ufer. Es ist kein Feuchtbiotop, sondern ein Steilufer mit marinem Vorstrand und Trockenrasenflächen. Die intensive Sonneneinstrahlung im Regenschatten der Ivendorfer Höhen bewirkt ein für Schleswig-Holstein seltenes Mikroklima, das ideal für wärmeliebende Pflanzen und Insekten ist.

Zum Dummersdorfer Ufer kann man mit dem PKW fahren, man kommt jedoch auch gut mit öffentlichen Verkehrsmitteln dorthin. Mit dem Wagen verläßt man die Stadt auf der Travemünder Allee Richtung Norden. Von der Schnellstraße biegt man Richtung Kücknitz ab und fährt auf die weithin sichtbare Johanniskirche (Backsteinbau mit wuchtigem Turm) zu. Vor der Kirche zweigt links die Dummersdorfer Straße ab, der man bis ans Ende folgt, wo sie in den Hirtenbergweg mündet. Am Ende dieses asphaltierten Weges ist ein Parkplatz für Besucher des Naturschutzgebietes angelegt. Wer mit dem Bus fährt, nimmt am Gustav-Radbruch-Platz die Linie 2 und fährt bis zur Endstation, der Haltestelle „Hirtenberg". Nun muß man knapp 2,5 Kilometer Richtung Osten zum Wasser laufen und kommt an den erwähnten Parkplatz.

Der Gang durch das Naturschutzgebiet ist auf einem Rundweg vorgegeben. Die freiwilligen Helfer bitten dringend darum, die Wege nicht zu verlassen, da sonst leicht Schaden angerichtet wird. In Ufernähe wachsen Labkraut, Stranddistel, Ackerwinde, Grasnelke, Rotschwingel, kleines Habichtskraut. Auf dem Trockenrasen findet man Wiesenhafer, Schafschwingel, Borstgras und die Frühlings-Segge. Bei warmem Wetter sieht man Falter und Fluginsekten in dem Trockenbiotop. Schmetterlinge wie Schachbrett, Heide-Bläuling, Distel- und Feuerfalter sind hier noch zu beobachten. Das Dummersdorfer Ufer ist zudem Rastplatz vieler Wasservögel, die im Herbst oder frühen Winter auf ihrem Weg von Skandinavien in den warmen Süden hier eine Pause einlegen. Am Nordrand hat der Bau eines achten Fähran-

Abendstimmung über der Trave und
dem Naturschutzgebiet Schellbruch
(oben). Die alten Fischerhäuser von
Gothmund (unten) werden liebevoll
gepflegt.

legers des Travemünder Skandinavienkais das Naturschutzgebiet
berührt, was heftige Diskussionen zwischen Vertretern der Wirtschaft und Naturschützern auslöste. Als Ersatz für den Eingriff
hat die Stadt umfangreiche Ausgleichsmaßnahmen zugesagt.
Wegstrecke ab und bis Bushaltestelle: 5 km, Wanderzeit: gut
eine Stunde zuzüglich einer Stunde Aufenthalt im Naturschutzgebiet.

Ausflüge in die Umgebung

Die alte Domstadt Ratzeburg

Ratzeburg, Zentrum des Kreises Herzogtum Lauenburg, ist ein lohnendes Ziel für jeden Lübeck-Besucher, der auch die Umgebung der Hansestadt erkunden möchte. Die Stadt ist von Lübeck aus nicht nur mit dem Auto, sondern auch per Bus, mit der Bahn und sogar auf dem Wasserweg erreichbar. Ratzeburg wird gern als „Inselstadt" bezeichnet. Die Altstadt liegt tatsächlich auf einer Insel, umgeben von mehreren Seen, dem Ratzeburger See, dem Dom-, dem Küchen- und dem Stadtsee. Die Landverbindungen zu den jüngeren Stadtteilen bilden aufgeschüttete Dämme. Der „staatlich geprüfte Luftkurort" mit seinen schönen Bürgerbauten, dem imponierenden Dom und sehenswerten Spezialmuseen liegt inmitten einer „Gäste-Verwöhn-Landschaft", wie Mitarbeiter des Fremdenverkehrsamtes sagen. Dazu gehören Wanderwege am Seeufer oder durch herrliche Laubwälder ebenso wie Schiffsrundfahrten und Wassersportmöglichkeiten. Nicht zuletzt wurde der Name Ratzeburgs durch den von Ruderprofessor Karl Adam trainierten „Goldachter" bekannt.

Der Ort hat eine wechselvolle Geschichte, lag er doch seit der Gründung im 11. Jahrhundert im Schnittpunkt verschiedener Interessen. Damals kam es hier, im Gebiet der Polaben, zu Auseinandersetzungen zwischen christlichen und heidnischen Stämmen. 1062 schenkte Kaiser Heinrich IV. die nach dem Polabenfürsten Ratse genannte Burg, in deren Schutz eine Siedlung heranwuchs, dem Billunger-Herzog Otto von Sachsen. Damals bestand auf dem Georgsberg bereits ein Benediktinerkloster als Stützpunkt der Slawenmission. 1066 wurde dessen Abt, Ansverus, zusammen mit 18 Begleitern bei einem Slawenaufstand erschlagen; das Ansveruskreuz bei Einhaus erinnert an den Ort des Martyriums.

1143 belehnte Heinrich der Löwe Graf Heinrich von Bodewide mit Ratzeburg, das zur Festung ausgebaut wurde. Heinrich der

Löwe war es auch, der elf Jahre später das Bistum gründete und kurz darauf den Grundstein zum romanischen Dom legte, der um 1220 vollendet wurde. Etwa 50 Jahre später wurde ein Kloster angefügt, das man 1504 in ein Domherrenstift umwandelte. Das Bistum Ratzeburg hörte 1554 auf zu existieren, als der letzte Bischof seinem Amt entsagte, um zu heiraten.

In die Zeit um 1250 fällt der Beginn der Stadt auf der großen Insel. In jener Zeit entstand auch die erste Petrikirche. Ratzeburg kam nach dem Sturz Heinrichs des Löwen zum Herzogtum Sachsen-Lauenburg, und 1616 ließen sich die Lauenburger Grafen in der Ratzeburg nieder, nachdem ihr Schloß abgebrannt war. Nach dem Aussterben der askanischen Herzogslinie fiel Sachsen-Lauenburg an das Haus Lüneburg-Celle, dessen Herzog Georg Wilhelm die Burg durch eine moderne Festung ersetzte. Der Festungsbau provozierte jedoch den dänischen König Christian V., dessen Truppen die Stadt 1693 fast völlig zerstörten. Sie wurde nach dem Vorbild des barocken Mannheim wiederaufgebaut, mit rechtwinklig vom Markt abzweigenden Straßen. Anfang des 18. Jahrhunderts wurde Ratzeburg mit Hannover verbunden, auf dem Wiener Kongreß 1815 Dänemark zugesprochen. Die dänischen Könige ließen die Festung schleifen, woran der Straßenname „Demolierung" erinnert. 1865 wurde das Herzogtum Lauenburg preußische Provinz.

Wer einen Stadtbummel machen will, kann auf dem Georgsberg mit der ältesten Kirche beginnen, die im 12. und 13. Jahrhundert gebaut wurde. 45 Meter über dem Meeresspiegel hat man vom Kirchberg aus einen schönen Blick über die Stadt, die Seen und hinüber zum Dom. Am Fuß des Berges, bei den heutigen Sport- und Grünanlagen, lag die Burg bzw. die Festung, woran noch heute der Name Schloßwiese erinnert. Über den Lüneburger Damm und den Straßenzug Unter den Linden nähert man sich dem Zentrum. Das Standbild eines Pferdes ließ die Stadt 1962 in den Anlagen aufstellen, zur Erinnerung an die erste urkundliche Erwähnung 900 Jahre zuvor. Ein Pferdekopf nämlich schmückt das Stadtwappen. Das gelbe Gebäude auf der linken Seite, das bis 1960 die „Lauenburgische Gelehrtenschule" beherbergte, dient heute als Rathaus. Über die Herrenstraße gelangen wir zum Markt. Das Eckhaus zur Wasserstraße, Herrenstr. 9, ist ein besonders schöner Fachwerkbau. 1694−98 als Regierungshaus errichtet, wurde es ab 1800 vom Landvogt genutzt. Seit 1890 ist hier das Katasteramt untergebracht.

Auf dem Markt bestimmen mehrere Gebäude vom Anfang des 18. und 19. Jahrhunderts das Bild. Dazu zählt im Nordriegel das Alte Rathaus von 1843, das bis 1988 seinem ursprünglichen Zweck diente. Nr. 10, das Kreishaus, wurde 1727/28 als Regierungskanzlei errichtet, war ab 1876 Verwaltungssitz des preußischen Landkreises, später des Kreises Herzogtum Lauenburg. Die Alte Wache nebenan stammt aus der gleichen Zeit. Der Bau, der daran erinnert, daß Ratzeburg lange Zeit Garnisonsstadt war, wird heute als Reisebüro genutzt. Nach Süden erhebt sich, etwas zurückgesetzt, die Stadtkirche St. Petri. Das Gotteshaus, eines der seltenen Beispiele einer Querschiffkirche, wurde in den Jahren 1787−91 anstelle des Vorgängerbaues aus dem 13. Jahrhundert als Gemeinde- und Garnisonskirche errichtet. Der Form nach ist es eine typische protestantische Predigtkirche, bei der Altar, Kanzel und Orgel übereinandergesetzt wurden. Hinter der Kirche liegt das Barlach-Haus, ein Museum, das das Gedenken an den Bildhauer und Schriftsteller Ernst Barlach wachhält, der entscheidende Jugendjahre in Ratzeburg verlebte. Obwohl in Wedel bei Hamburg geboren, nannte er den Ort seine Vaterstadt und wurde 1938 auf eigenen Wunsch in Ratzeburg bestattet. Das 1956 eröffnete Museum stellt Bronzeplastiken, Zeichnungen, Lithographien, Holzschnitte und die Totenmaske Barlachs aus. Durch die Domstraße an der Nordostecke des Marktes erreicht man den Bezirk der alten Bischofskirche. Am Eingang zum Domhof finden wir rechts ein weiteres Museum, das A.-Paul-Weber-Haus. Weber (1893−1980), aus Arnstadt in Thüringen stammend, gilt als einer der bedeutendsten Zeichner dieses Jahrhunderts, der mit seinen satirischen Blättern bittere Zeitkritik übte. Er lebte von 1936 an im Kreisgebiet und hat die Einweihung seines Museums 1973 noch miterlebt. Neben der Präsentation seines graphischen Werkes werden auch Wechselausstellun-

Den Mittelpunkt von Ratzeburg bildet
die Dominsel (oben), die − wie die
gesamte Stadt − von Seen umgeben
ist. Der Dom, ein massiger romanischer Bau, wurde im 12. Jahrhundert
von Heinrich dem Löwen gegründet
(links).

gen gezeigt. Am Domhof beeindruckt ferner die sogenannte Dompropstei. Herzog Christian Louis von Mecklenburg ließ hier 1661 ein Absteigequartier einrichten. Großherzog Adolf Friedrich IV. baute das Anwesen 1764−66 zur Sommerresidenz aus. Im Haupthaus ist das Kreismuseum untergebracht.

Wichtigstes Gebäude auf der Dominsel ist natürlich der Dom selbst. Mit seinem Bau wurde um 1160 begonnen. Der Braunschweiger Löwe am Eingang erinnert an den Gründer, Herzog Heinrich den Löwen. Der romanische Dom gehört zu den bedeutendsten Backsteinbauten des Mittelalters in Norddeutschland. Die dreischiffige gewölbte Pfeilerbasilika war um 1220 vollendet. Als erstes wurden Chor und Querhaus errichtet, dann das Langhaus mit dem quaderförmigen Turm und schließlich die südliche Vorhalle. Im Inneren sind zahlreiche Kunstwerke zu sehen, u. a. die Triumphkreuzgruppe, der spätgotische Schnitzaltar, im rechten Seitenschiff der sog. Lauenburger Chor (1370−80) mit hölzerner Chorschranke und Grabmalen des Herzogs Johann von Sachsen-Lauenburg und seiner Gemahlin. Der ehemalige Hochaltar von 1629 steht im südlichen Querhausarm. Der Kreuzgang mit seinen schönen Gewölben und einer Ausmalung des 14. Jahrhunderts gehört zum Domkloster. Im Innenhof des Klosters ist die Barlach-Plastik „Der Bettler" aufgestellt. Über den 1847 angelegten Königsdamm verläßt man die Stadt Richtung Mecklenburg. Am jenseitigen Ufer des Domsees hat man vom Aussichtsturm auf dem Königsberg wieder einen schönen Blick auf die Stadt, diesmal von Osten.

Man kann den Bummel durch Ratzeburg auch als Rundgang planen. Beginn wäre dann die Schloßwiese; hier steht man quasi an der Wiege der Stadt. Über die Herrenstraße gelangt man zum Markt und zum Dom und geht, beim Verlassen des Dombezirkes sich rechts haltend, am Seeufer zurück zum Ausgangspunkt. Eine Alternative: von der Schloßwiese über den Lüneburger Damm zur Promenade und zum Kurpark Richtung Hallenbad, dann links in den Palisadenweg bis zur Seestraße, links über die Langenbrückerstraße zum Markt und über den Domplatz zurück zur Schloßwiese.

Tips für Gäste: Ratzeburg

Ratzeburg-Information
> Schloßwiese 7, 23909 Ratzeburg, ☎ 04541/800080,
> Fax: 04541/5327

Anfahrt ab Lübeck
> Mit dem PKW: Parkplätze am Ortseingang links,
> neben der Tourist-Information (kostenlos) oder etwas
> weiter vor dem gelben Rathaus (gebührenpflichtig)
> Mit der Bahn: Ratzeburg ist Station des Eilzuges
> Lübeck−Lüneburg
> Mit dem Bus: Busse der Firma Autokraft ab Lübeck-
> ZOB
> Mit dem Schiff: Ab Lübeck-Moltkebrücke auf der
> Wakenitz bis Rothenhusen (100 Minuten), hier umstei-
> gen auf die Ratzeburger See-Schiffahrt bis Lüneburger
> Damm (Schloßwiese), Fahrzeit 45 Minuten

Tips: Unterkünfte in Ratzeburg

Hansa-Hotel
> Schrangenstr. 25−27, ☎ 04541/2094, Fax: 04541/6437
> − Im Herzen der Altstadt, 50 Zimmer mit gediegener
> Ausstattung

Hotel Pension Heckendorf
> Gustav-Peters-Platz 1, ☎ 04541/2098, Fax:
> 04541/84516 − Gepflegtes Familienunternehmen; jedes
> Zimmer „ein kleines Appartement"

Hotel „Der Seehof"
> Lüneburger Damm 1−3, ☎ 04541/2055, Fax:
> 04541/7861 − Direkt am Küchensee gelegen, Komfort
> und Behaglichkeit

Wittlers Hotel
> Große Kreuzstr. 11, ☎ 04541/3204, Fax: 04541/3815 −
> Renommiertes Haus in der Altstadt

Für Gruppen

> Christophorushaus
> 23909 Bäk bei Ratzeburg, ☎ 04541/5861 − Einzel-
> und Zweierzimmer, große Veranstaltungsräume

Jugendherberge

> Am Küchensee, ☎ 04541/3707, Fax: 04541/84780

Tips: Essen und Trinken in Ratzeburg

Askanier-Keller

> Töpferstr. 1, ☎ 04541/5042, Fax: 04541/2499 − Spei-
> sen unter historischen Kellergewölben, gediegene
> Küche zu vernünftigen Preisen

Café Bohnhoff

> Schrangenstr. 10, ☎ 04541/3374, Fax: 04541/858148 −
> Gemütliches Café im Zentrum, Kuchen aus eigener
> Herstellung

Hansa-Hotel

> Schrangenstr. 25−27, ☎ 04541/2094, Fax: 04541/6437
> − Regionale Küche in hanseatischer Tradition

„Der Seehof"

> Lüneburger Damm 1−3, ☎ 04541/2055, Fax:
> 04541/7861 − Niveauvolles Speisen mit Seeblick, im
> Sommer Kaffeeterrasse

Farchauer Mühle

> 23909 Farchau/Ratzeburg, ☎ 04541/3325, Fax:
> 04541/84768 − Im Zentrum des Naturparks am
> Küchensee, regionale Küche, Kaffeeterrasse

Römnitzer Mühle

> 23909 Römnitz/Ratzeburg, ☎ 04541/7032, Fax:
> 04541/7026 − Regionale Fisch- und Wildgerichte,
> schöne Lage am Ratzeburger See

Tips: Freizeitangebote/Sehenswürdigkeiten in Ratzeburg

In Ratzeburg besteht die Möglichkeit zu Rundfahrten auf dem
Ratzeburger und dem Domsee. Die Schiffe verkehren von
April bis Oktober, besonders häufig von Mai bis September
(Auskunft: Personenschiffahrt Ratzeburger See, Schloßwiese
5, ☎ 04541/7900, Fax: 04541/7911).
Zahlreiche Wandermöglichkeiten sind im Naturpark Lauen-
burgische Seen gegeben (Auskunft: Ratzeburg-Information).
Dom

>   Domhof: Besichtigungen 10−12 und 14−18 Uhr, im
>   Winter bis 16 Uhr, außer montags, ☎ Domküster:
>   04541/3117

Aussichtsturm

>   Hindenburghöhe: geöffnet 10−17 Uhr, Mai−Septem-
>   ber, außer montags

Barlach-Grab

>   Friedhof an der Seedorfer Straße

Tips: Museen in Ratzeburg

Barlach-Haus

>   Barlachstraße, ☎ 04541/3789, geöffnet täglich außer
>   montags 10−12 und 15−18 Uhr, 1.12. bis 1.3. geschlos-
>   sen

A.-Paul-Weber-Museum

>   Domhof 5, ☎ 04541/12326, geöffnet 10−13 und 14−17
>   Uhr, außer montags

Kreismuseum

>   Domhof 12, ☎ 04541/12325, geöffnet 10−13 und 14−17
>   Uhr, außer montags

Haus Mecklenburg

>   Domhof 41, ☎ 04541/83668, geöffnet 10−13 und 14−17
>   Uhr, außer montags

Bekannt durch die Karl-May-Spiele: Bad Segeberg

Bad Segeberg hat viele Namen: Luftkurort, Landesreiterstadt, Festivalort, Stadt der Karl-May-Spiele. Das staatlich anerkannte Heilbad, umgeben von Wäldern, Wiesen, Knicks und Seen, ist ein typisches Stück Schleswig-Holstein, zudem das „Tor zur Holsteinischen Schweiz". Die Kreisstadt mit rund 15 000 Einwohnern liegt inmitten des herrlichen „Segeberger Ferienlandes" mit ausgedehnten Wanderwegen und einem gesunden, erholsamen Klima. Sichtbares Wahrzeichen Segebergs ist der 91 Meter hohe Kalkberg. Der voreiszeitliche Berg erhebt sich heute nur noch 30 bis 40 Meter über die Umgebung, war allerdings früher höher. Durch das Abtragen des Gipses für Bauzwecke seit dem Mittelalter ist er stark in Mitleidenschaft gezogen worden. Erst 1930 wurde er unter Schutz gestellt. In der Senke, die durch den Abbau entstanden war, legten die Stadtväter danach ein großes Freilichttheater an.

Doch zurück in die ferne Vergangenheit Segebergs: Auf der Spitze des Berges ließ Kaiser Lothar 1134 die „Siegesburg" errichten. Unterhalb der Burg entstanden ein Kloster und eine Siedlung, die Mitte des 13. Jahrhunderts lübisches Stadtrecht erhielt. 1460 wurde Segeberg durch den dänischen König Christian I. neben Gottorf zur Residenz bestimmt. Unter dem kunstsinnigen Diplomaten Heinrich Rantzau, der 1556−98 Statthalter der dänischen Krone war, wurde die zwischenzeitlich zerstörte Burg wiederaufgebaut. Der Protestant Rantzau hob das Kloster auf, dessen Gebäude abgebrochen wurden. Erhalten blieb lediglich die Klosterkirche, die gleichzeitig als Gemeindekirche diente. Die heutige Marienkirche ist somit einer der frühesten Backsteingroßbauten in Schleswig-Holstein.

1913 entdeckten spielende Kinder die Höhlen im Kalkberg, die inzwischen auf einer Länge von 800 Metern zur Besichtigung freigegeben sind. Sie sind der größte Unterschlupf für Fledermäuse in Schleswig-Holstein. Außerdem wurde hier eine im Dunkeln lebende Käferart entdeckt. Das schon erwähnte Freilichttheater dem Berg gegenüber bietet 12 000 Besuchern Platz.

Es hat eine ausgezeichnete Akustik. Im Sommer locken die Karl-
May-Spiele Tausende großer und kleiner Fans von Winnetou und
seinen Gefährten an. Die Spiele werden seit 1952 veranstaltet.
Sie setzen die Tradition der Karl-May-Spiele von Rathen im Elb-
sandsteingebirge, der Heimat Karl Mays, fort. Während der
Festspielzeit von Juni bis August sind neben dem Eingang zum
Freilichttheater auch Ausstellungen über die Kultur der Indianer
und natürlich über Karl May zu finden.

Schon im vorigen Jahrhundert wurden im Osten der Stadt Salzla-
ger entdeckt, deren Abbau wegen der Wasserverhältnisse nicht
möglich war. Allerdings wurde 1884 ein Solebad eröffnet. Aus
150 Meter Tiefe wurde salzhaltiges Wasser heraufgepumpt. 1924
erhielt die Stadt daher den amtlichen Titel „Bad". Man bot Kuren
gegen Gicht, Rheuma, Ischias. Das Solebad wurde jedoch wieder geschlossen. Der Kurpark am Westufer des Großen Segeberger Sees zeugt von dieser Periode in der Stadtgeschichte. Seit
1986 ist Segeberg staatlich anerkannter Luftkurort, seit dem 1.
September 1992 Mineral-Heilbad.

Hauptsehenswürdigkeit der Stadt ist neben dem Kalkberg die
Marienkirche, die ab 1156 für das zugehörige Kloster erbaut
wurde. Die dreischiffige romanische Basilika über kreuzförmi-
gem Grundriß hatte ursprünglich Apsiden, die bei späteren Ver-
änderungen verschwanden. Durch die letzte große Renovierung
in den Jahren 1957 bis 1960 wurden spätere bauliche Zutaten
wieder entfernt, so daß die Kirche zumindest im Inneren den
Baugedanken ihrer Entstehungszeit wiedergibt. Einen besonderen Hinweis verdienen die Kapitelle, die Gesimse und Bogenum-
rahmungen. Die Ornamente — Rosetten, Lilien, Sterne, Bän-
der — sind nämlich Stukkaturen aus jenem Segeberger Gips,
dessen Abbau dem Kalkberg fast zum Verhängnis geworden
wäre. Der spätgotische Dreiflügelaltar mit einer figurenreichen
Darstellung des Passionsgeschehens ist um 1510 in einer
Lübecker Werkstatt entstanden. Aus der gleichen Zeit stammt
das Triumphkreuz, ebenfalls aus Lübeck. Das Bronzetaufbecken
ist älter, es wurde 1447 gegossen. Späteren Datums, und zwar
von 1612, ist die Kanzel. Im Norden an den Chor angefügt ist die

spätgotische Johanneskapelle, deren Gewölbe auf zwei Granitsäulen ruhen. Außer der Kirche ist dieser Raum der einzige
erhaltene Bauteil des Klosters.

Die Hauptstraße des alten Ortes, die Lübecker Straße, schlängelt
sich am Fuß des Kalkberges entlang. Hier kann man noch die
kleinteilige Bebauung des 18. und frühen 19. Jahrhunderts betrachten. Das Fachwerkgiebelhaus Lübecker Straße 15 beherbergt das Heimatmuseum. Das Gebäude stammt von 1606, ist im
Kern jedoch wesentlich älter; es gilt als ältestes Gebäude der
Stadt. Im Museum wird die Einrichtung eines Bürgerhauses aus
dem 18. Jahrhundert gezeigt, ferner sind Handwerkskultur aus
Segeberg und Dokumente zur Geschichte des Kalkberges ausgestellt. Für kulturelle Veranstaltungen wird das „Haus Segeberg",
Hamburger Straße 25, genutzt. Es war früher Sitz des Landrates.
In der Bismarckallee 5 findet man die Kunsthalle Otto Flath. Der
Bildhauer und Maler Otto Flath (1906–87) arbeitete mehr als 50
Jahre in Bad Segeberg. Eine Vielzahl seiner Werke ist in Kirchen, Schulen und anderen öffentlichen Gebäuden zu finden.
Sein Werkverzeichnis umfaßt 40 Altäre, mehr als 3000 Plastiken
und etwa 10 000 Zeichnungen. In der Kunsthalle wird ein Quer-
schnitt seines Schaffens gezeigt. Die nahegelegene Villa Flath
bietet zeitgenössische Kunst in Wechselausstellungen.

Ein kleiner Stadtrundgang führt uns in gut einer halben Stunde
zu folgenden Sehenswürdigkeiten: Wir beginnen bei der Marienkirche, deren Turm schon von den Zufahrtsstraßen zu sehen ist,
biegen anschließend in die Lübecker Straße ein. Beim Haus
Nr. 2 stand die 1962 wegen Baufälligkeit abgebrochene jüdische
Synagoge. Schräg gegenüber finden wir das klassizistische Rathaus, das 1826/27 von Christian Friedrich Hansen erbaut wurde.
Davor liegt der alte Marktplatz. Neben dem Rathaus führt der
Weg zum Kleinen Segeberger See, den wir, uns nach rechts wen-
dend, umschreiten. Kurz bevor der Rundgang vollendet ist, halten wir uns rechts und steigen hinauf zum Kalkberg. Von diesem
Wahrzeichen hat man einen weiten Blick über das Segeberger
Land. Die Kalkberghöhlen und das Freilichttheater liegen in
unmittelbarer Nähe. Vom Berg aus gehen wir wieder zurück zur

Vom Kalkberg überblickt man Bad
Segeberg mit der romanischen Marienkirche (oben, links im Bild). Tausende
besuchen im Sommer die Stadt, um
sich die Karl-May-Spiele anzuschauen
(unten).

Lübecker Straße, in die wir links einbiegen. Nr. 15, das Alt-Segeberger Bürgerhaus, ist das erwähnte Heimatmuseum. Schräg gegenüber, im Winklersgang, finden wir den Speicher Lüken, einen Getreidespeicher des vorigen Jahrhunderts, in den nach der Restaurierung in den Jahren 1984/85 die Volkshochschule eingezogen ist.

In der Umgebung von Bad Segeberg läßt es sich herrlich wandern. Ein schöner Rundweg von sieben Kilometer Länge führt um den Segeberger See. Der Beginn des Weges ist am Kurpark. Man schafft die Strecke gut in zwei Stunden. Ausflugsziele in der Nähe sind der Wildpark Eekholt und der Wildpark Trappenkamp.

Tips für Gäste: Bad Segeberg

Tourist- und Kur-Information
> Oldesloer Str. 20, 23795 Bad Segeberg,
> ☎ 04551/57233, Fax: 04551/57231

Anfahrt ab Lübeck
> Mit dem PKW: Segeberger Schnellstraße (B 206),
> etwa 30 km ab Lübeck-Bahnhof, ausgeschilderte Park-
> möglichkeiten in Bad Segeberg
> Mit dem Bus: Firma Autokraft ab Lübeck-ZOB mehr-
> mals täglich

Tips: Unterkünfte in Bad Segeberg

Hotel Stadt Hamburg
> Kurhausstr. 2, ☎ 04551/2888, Fax: 04551/92186 −
> Zentral, trotzdem ruhig im Fußgängerbereich, gediegen
> ausgestattete Räume

Intermar Kurhotel
> Kurhausstr. 87, ☎ 04551/8040, Fax: 04551/804602 −
> Das Kurhotel der Stadt, 110 Zimmer, 50 Ferienwoh-
> nungen, Kegelbahn und Schwimmbad im Haus

Residence garni
> Kurhausstr. 43, ☎ 04551/8525, Fax: 04551/804602 −
> Das „Garni" des Intermar, komfortable Zimmer

Jugendherberge
> Kastanienweg 1, ☎ 04551/2531

Tips: Essen und Trinken in Bad Segeberg

Bürgerstuben
> Lübecker Str. 12a, ☎ 04551/7475 − Im Altstadthaus
> beim Kalkberg, bürgerliche Küche, preiswerter Mit-
> tagstisch

Café Bergschlößchen

    Kalkberg, ☎ 04551/3650 − Kuchen nach eigener
    Rezeptur, direkt am Kalkberg gelegen

Central Gasthof

    Kirchstr. 32, ☎ 04551/95700, Fax: 04551/92245 −
    Familienbetrieb im Herzen der Stadt, gutbürgerliche
    Küche

Stadtschänke

    Kurhausstr. 2, ☎ 04551/2888, Fax: 04551/92186 −
    Heimische Spezialitäten: Fisch- und Fleischgerichte,
    Salatbuffet

Tips: Freizeitangebote/Sehenswürdigkeiten in Segeberg

St. Marien

    Kirchplatz 3, ☎ 04551/90820, geöffnet täglich 9−12
    und 12.30−16 Uhr

Kalkberghöhlen

    Oberbergstr. 29, ☎ 04551/57238, geöffnet 9−12.30 und
    13.30−18 Uhr, 1.10. bis 31.3. geschlossen

Karl-May-Spiele

    Kalkberg GmbH, Am Karl-May-Platz, ☎ 04551/57236,
    Fax: 04551/57231

Indian Village („Reise in den Wilden Westen")

    Am Karl-May-Platz, ☎ 04551/57236, geöffnet während
    der Karl-May-Spiele Juni bis August, täglich 10−18
    Uhr

Wildpark Eekholt

    24623 Großenaspe, ☎ 04327/386

Wildpark Trappenkamp

    24610 Trappenkamp, ☎ 04328/1430

Glasbläserei

    23812 Wahlstedt bei Bad Segeberg, ☎ 04554/3477,
    Fax: 04554/4716

Tips: Museen in Bad Segeberg

Heimatmuseum
> Lübecker Str. 15, ☎ 04551/57226, geöffnet 1. 4. bis
> 31. 10. dienstags bis freitags 10−17 Uhr, sonnabends
> und sonntags 14.30−17 Uhr

Kunsthalle Otto Flath
> Bismarckallee 5, ☎ 04551/57228, Kunsthalle geöffnet
> 1. 4. bis 31. 10. dienstags bis freitags 10−17 Uhr, sonna-
> bends und sonntags 14.30−17 Uhr; Villa Flath auch im
> Winter täglich außer montags 14.30−17 Uhr für
> Wechselausstellungen geöffnet

Vorgeschichtliche Ausstellung
> in der Remise am Haus Segeberg, Hamburger Straße
> 25, ☎ 04551/51202, geöffnet 1. 4. bis 31. 10.

Maßgeschneiderte Tips für Lübeck-Besucher

Drei Stunden in Lübeck

Besichtigung von Rathaus und Marienkirche (für den Zeitplan erst beim Rathauspförtner nach der nächsten Führung erkundigen, das Programm entsprechend gestalten; die Marienkirche ist im Sommer von 10 bis 17 Uhr geöffnet, im Winter bis Einbruch der Dunkelheit). Anschließend bei Karstadt in die Julius-Leber-Straße einbiegen (Löwen-Apotheke an der Ecke Julius-Leber- und Königstraße betrachten), dann links in die Königstraße zur Katharinenkirche (Figuren von Barlach und Marcks in der Fassade), rechts die Glockengießerstraße hinuntergehen zu den Stiftshöfen (siehe S. 118), Rückkehr zum Markt.

Ein Tag in Lübeck

Vormittags wie oben beschrieben. Nachmittags Museumsbesuch, wahlweise St.-Annen-Museum (siehe S. 78) oder Buddenbrookhaus (siehe S. 86). Anschließend Spaziergang ins Domviertel (siehe S. 96), abends Theater- oder Konzertbesuch (September bis Juni), im Juli/August Orgelkonzert oder Schleswig-Holstein Musik Festival.

Drei Tage in Lübeck

Erster Tag: wie oben beschrieben.
Zweiter Tag: Vormittags Ausflug nach Travemünde (siehe S. 134). Nach der Rückkehr Altstadtbummel (S. 96 ff.), abends Theater, Konzert oder Kneipenbummel in der Altstadt.
Dritter Tag: Vormittags Ausflug zum Fischerdorf Gothmund (S. 144), am frühen Nachmittag Museumsbesuch, wahlweise St. Annen (S. 78) oder Buddenbrookhaus (S. 86), Behnhaus (S. 82) oder Holstentor (S. 63, 83), Völkerkundesammlung (S. 87) oder

Naturhistorisches Museum (S. 84). Zum Abschluß Spaziergang
rund um die Altstadt (S. 90) oder Bootsfahrt rund um die Stadt,
abends gemütliches Essen und/oder Konzert.

Tips: Unterkünfte in Lübeck

Hotels über 150 DM EZ, über 200 DM DZ

Mövenpick
> Beim Holstentor, 23554 Lübeck, ☎ 0451/15040, Fax:
> 0451/1504111 − First-Class-Hotel mit Tradition, in
> Bahnhofsnähe

Scandic Crown
> Travemünder Allee 3, 23568 Lübeck, ☎ 0451/37060,
> Fax: 0451/3706666 − Skandinavische Gastlichkeit zum
> gehobenen Preis, in Hafennähe am Burgtor

Senator
> Willy-Brandt-Allee, 23554 Lübeck, ☎ 0451/1420, Fax:
> 0451/1422222 − Neues First-Class-Hotel, Blick zur
> Altstadt

Hotels über 100 DM EZ, über 150 DM DZ

Alter Speicher
> Beckergrube 91−93, 23552 Lübeck, ☎ 0451/71045,
> Fax: 0451/704804 − Renoviertes Haus in der Altstadt,
> zwei Minuten zur neuen Musik- und Kongreßhalle und
> zum Theater

Jensen
> An der Obertrave 4−5, 23552 Lübeck, ☎ 0451/71646,
> Fax: 0451/73386 − Gastlichkeit in Altstadthäusern,
> Blick zum Holstentor

Kaiserhof
> Kronsforder Allee 11−13, 23560 Lübeck,
> ☎ 0451/791011, Fax: 0451/795083 − Gepflegtes Haus
> in Familientradition, noch in Altstadtnähe

Lindenhof
> Lindenstr. 1a, 23558 Lübeck, ☎ 0451/84015, Fax:
> 0451/864023 − Behagliche Räume in Bahnhofsnähe

Parkhotel
> Am Lindenplatz 2, 23558 Lübeck, ☎ 0451/84644,
> Fax: 0451/863840 − Gemütlichkeit zwischen Bahnhof
> und Holstentor

Hotels unter 100 DM EZ, unter 150 DM DZ

Excelsior
> Hansestr. 3, 23558 Lübeck, ☎ 0451/88090, Fax:
> 0451/880999 − Gepflegte Atmosphäre, zwei Minuten
> zum Bahnhof

Schwarzbunte
> Bei der Lohmühle 11a, 23554 Lübeck, ☎ 0451/44777,
> Fax: 0451/477649 − Modernes Haus in Autobahnnähe,
> zehn Autominuten zur City

Schwarzwaldstuben
> Koberg 12−15, 23552 Lübeck, ☎ 0451/77715, Fax:
> 0451/705414 − Kleines Haus mit Privatatmosphäre am
> schönsten Platz der Altstadt

Victoria
> Am Bahnhof 17−19, 23558 Lübeck, ☎ 0451/81144,
> Fax: 0451/81147 − Am Hauptbahnhof, großes Haus,
> trotzdem gut geführt

Wakenitzblick
> Augustenstr. 30, 23564 Lübeck, ☎ 0451/791792, Fax:
> 0451/791296 − Kleineres, gemütliches Haus an der
> Wakenitz, zehn Minuten Fußweg zur Altstadt

Preiswert und für junge Leute

CVJM
>   Gr. Petersgrube 11, 23552 Lübeck, ☎ 0451/78982,
>   Fax: 0451/78997 – Mehrbettzimmer, im Sommer
>   Interrail-Point

Jugendgästehaus
>   Mengstr. 33, 23552 Lübeck, ☎ 0451/7020399, Fax:
>   0451/77012 – Neben größeren auch kleinere Zimmer
>   für junge Leute, Altstadt

Jugendherberge
>   Am Gertrudenkirchhof 4, 23568 Lübeck,
>   ☎ 0451/33433, Fax: 0451/34540 – Im Sommer immer
>   ausgebucht

Rucksackhotel
>   Kanalstr. 70, 23552 Lübeck, ☎ 0451/706892, Fax:
>   0451/7063742 – Auch einfache Zweierzimmer

Tips: Unterkünfte in Travemünde

Hotels über 150 DM EZ, über 200 DM DZ

Kurhaus
>   Außenallee 10, 23570 Lübeck-Travemünde,
>   ☎ 04502/810, Fax: 04502/74437 – Traditionsreiches
>   Haus, wo schon „Konsuls à la Buddenbrooks" logier-
>   ten, 104 Zimmer

Maritim
>   An der Strandpromenade, 23570 Lübeck-Travemünde,
>   ☎ 04502/890, Fax: 04502/74439 – Wahrzeichen des
>   Ostseebades, 240 Zimmer in mehr als 30 Stockwerken

Hotels über 100 DM EZ, über 150 DM DZ

Atlantic
> Kaiserallee 2a, 23570 Lübeck-Travemünde,
> ☎ 04502/75057, Fax: 04502/73508 − Gediegene Gast-
> lichkeit in der Nähe von Strand und Strandbadzentrum

Deutscher Kaiser
> Vorderreihe 52, 23570 Lübeck-Travemünde,
> ☎ 04502/8420, Fax: 04502/842199 − Vier-Sterne-
> Haus mit Blick zur Bucht

Neptun
> Vorderreihe 24, 23570 Lübeck-Travemünde,
> ☎ 04502/4144, Fax: 04502/2543 − Geschmackvoll
> eingerichtete Zimmer mit Blick auf Priwall und Skan-
> dinavienkai

Strandperle
> Kaiserallee 10, 23570 Lübeck-Travemünde,
> ☎ 04502/74249, Fax: 04502/73486 − Gepflegte Gast-
> lichkeit in kleinem Haus mit freiem Ostseeblick

Hotels unter 100 DM EZ, unter 150 DM DZ

Parkhotel
> Godewind 7, 23570 Lübeck-Travemünde,
> ☎ 04502/74220 − Ruhige Lage am Park, fünf Minu-
> ten zum Wasser

Seeblick
> Kaiserallee 31a, 23570 Lübeck-Travemünde, ☎ u. Fax:
> 04502/74313 − Familiäre Atmosphäre, 50 m vom
> Strand, Frühstücksterrasse

Strandschlößchen
> Strandpromenade 7, 23570 Lübeck-Travemünde,
> ☎ 04502/75035, Fax: 04502/75822 − Gastlichkeit
> direkt am Strand, Terrasse und Kaffeegarten mit See-
> blick

Villa Charlott
>   Kaiserallee 5, 23570 Lübeck-Travemünde,
>   ☎ 04502/73575 − Gemütlichkeit in privat geführtem
>   Haus

Außerdem zahlreiche Pensionen, Ferienwohnungen und
private Vermieter − Auskunft erteilt die Kurverwaltung,
Strandpromenade 1b, 23570 Lübeck-Travemünde,
☎ 04502/80430, Fax: 04502/80464

Preiswert und für junge Leute

Jugendfreizeitstätte Priwall
>   Mecklenburger Landstr. 69, ☎ 04502/2576, Fax:
>   04502/4620
Haus der Naturfreunde Priwall
>   Mecklenburger Landstraße 218, ☎ 04502/2838
Seglerheim Priwall
>   Am Passathafen, ☎ 04502/6396

Tips: Essen und Trinken in Lübeck

Gehobene Klasse

Schabbelhaus
>   Mengstr. 48−50, ☎ 0451/72011, Fax: 0451/75051 −
>   Edelgastronomie in altem Patrizierhaus, deutsche
>   Küche (siehe S. 77)
Zimmermanns Lübecker Hanse
>   Kolk 3−7, ☎ 0451/78054, Fax: 0451/71326 − Gemüt-
>   liches Altstadthaus, hervorragende französische und
>   deutsche Küche, individuelles Menü möglich

Gepflegt und gastlich

Barin
> Fischergrube 18, ☎ 0451/77311 − Nouvelle Cuisine und Vegetarisches, Menüs nach Absprache

Buddenbrook
> Königstr. 5−7, ☎ 0451/73812, Fax: 0451/7063022 − Deutsche Küche im Bürgerhaus des 18. Jahrhunderts, Gartenterrasse

Heiligen-Geist-Hospital
> Koberg 6−8, ☎ 0451/76234, Fax: 0451/75344 − Mehrere Räume unter Kellergewölben: Fischrestaurant mit regionaler Küche; Kartoffelkeller, in dem das lange verpönte Gemüse neu zu Ehren kommt; Weinstube mit großer Auswahl

Intermezzo
> Koberg 19, ☎ 0451/75408 − Gemütlicher Gastraum, Kaffeegarten, italienisch bestimmte Karte

Louisen 56
> Engelsgrube 56, ☎ 0451/705476 − Abwechslungsreiche Karte, lange Öffnungszeiten

Nordisches Weinhaus
> Fleischhauerstr. 30, ☎ 0451/705937, Fax: 0451/705937 − Große Auswahl an Weinen und Käse, kleine gediegene Speisekarte

Ratskeller
> Markt 13, ☎ 0451/72044, Fax: 0451/74746 − Bürgerliche deutsche Küche in alten Kellern

Schiffergesellschaft
> Breite Str. 2, ☎ 0451/76776, Fax: 0451/73279 − Traditionsrestaurant im Seefahrerambiente, lange Holztische, regionale Küche (siehe S. 71)

Stadtrestaurant
> Am Bahnhof 2−4, ☎ 0451/84044, Fax: 0451/862436 − Gute Küche in hanseatischer Tradition

Wullenwever

Beckergrube 71, ☎ 0451/704333, Fax: 0451/7063607
– Neudeutsches für den feinen Geschmack

Italienisch

Carpaccio

Hüxstr. 42, ☎ 0451/704578 – Abwechslungsreiche
Tageskarte, ummauerter Miniaturgarten

Da capo

Pferdemarkt 19, ☎ 0451/77088 – Der Italiener im se-
paraten alten Haus, großer Garten, Tagestips beachten

Roberto Rossi

Mühlenstr. 9, ☎ 0451/7070908, Fax: 0451/704539 –
Der edle Italiener im Altstadthaus

Griechisch

Dionisos

Mühlenstr. 65, ☎ 0451/7020209 – Renoviertes Altstadthaus, Gasträume in zwei Etagen, große Portionen

Hellas

Artlenburger Str. 27, ☎ 0451/43217 – Familiär,
schmackhafte Speisen, fast immer ausgebucht.

Papadopoulos

Pfaffenstr. 12, ☎ 0451/78909 – Lübecks bekanntester
Grieche, Räume in drei Altstadthäusern.

Szene-Tips

Ali Baba

Fischergrube 47, ☎ 0451/77953 – Türkische Küche in
rustikaler Umgebung

Blaue Blume
> Untertrave 36, ☎ 0451/77069 – Große Portionen zum kleinen Preis, Tip für Studenten

Café Affenbrot
> Kanalstr. 70, ☎ 0451/72193 – Vegetarisches und Alternatives, für junge Leute und Öko-Freaks

Donna Teresa
> Falkenstr. 16, ☎ 0451/793044 – Speisen der Mittelmeerländer: voll, viel, günstig im Preis

Funambules
> Obertrave 18, ☎ 0451/73930 – Leichte Speisen in Bistro-Atmosphäre, im Sommer Stühle draußen mit Traveblick

Schmidts
> Julius-Leber-Str. 60–62, ☎ 0451/76182, Fax: 0451/7070857 – Internationale Karte, Pizza aus dem Holzbackofen, Indisches aus dem Tandoorofen, Kaffeehaus-Atmosphäre

Schweinske
> Untertrave 40, ☎ 0451/7063577, Fax: 0451/73079 – Hauptsächlich vom Schwein, rustikales Ambiente, preiswert

Tipasa
> Schlumacherstr. 14, 0451/7060451 – Pizza aus dem Backofen, Vegetarisches, Internationales, Treffpunkt der jungen Generation

Vegetarisch

Aubergine
> Hüxtr. 57, ☎ 0451/77212, Fax: 0451/7063686 – Feine Naturküche, auch Neudeutsches, viele Säfte

Die ausgefallene Idee

Charlie Rivels Sohn

Glockengießerstr. 91–95, 23552 Lübeck, ☎0451/76990,
Fax: 0451/78828 – Das Restaurant ist gleichzeitig ein
Museum, das der Sohn Valentino Rivel zu Ehren seines berühmten Vaters führt. Geöffnet wird das Altstadthaus nach vorheriger Anmeldung. Die internationale Küche ist gut. Der Preis wird vorher abgemacht.
Anschließend kocht Tamara Rivel das Menü, dem aus-
gehandelten Preis entsprechend

Cafés

Burgtor-Café

Adolfstr. 3, ☎ 0451/32312 – Solides Café, auch für
die reifere Jugend

Das Café

Kapitelstr. 4–8, ☎ 0451/72509 – Treffpunkt der ele-
ganten Jugend, Kunstkneipe mit Kaffeegarten

Maret

Markt 17, 0451/76136 – Gemütliches Café mit Blick
zum Markt, im Sommer Stühle auf dem Markt

Niederegger

Breite Str. 89, ☎ 0451/53010, Fax: 0451/77624 – Die
Traditionsadresse beim Rathaus, bestes Kaffeehaus
Norddeutschlands, Spezialität: Marzipantorte

Kneipen

Altstadt-Bierhaus

Braunstr. 19, ☎ 0451/73732 – Rustikales „Trinkfach-
geschäft", gut gezapftes Bier

Brauberger
>Alfstr. 36, ☎ 0451/71444 – Bier vom eigenen Braumeister, rustikale Speisentheke

Croquodeal
>Dankwartsgrube 72, ☎ 0451/7020332 – Biere und Flöten, junges Publikum, auch Motorradfans

Germanistenkeller
>Markt 13, ☎ 0451/72044, Fax: 0451/74746 – Der Bierkeller unter dem Rathaus, mit Live-Musik

Grauzone
>Mühlenbrücke 17, ☎ 0451/72999 – Snacks und Cocktails, große Frühstückskarte

Hieronimus
>Fleischhauerstr. 81, ☎ 0451/7063017 – Viel Ambiente in Althausetagen, abwechslungsreiche Karte

If
>Engelsgrube 41, ☎ 0451/704681 – Urgestein aus Lübecks „Kneipenstraße", Motto: Opas Kneipe lebt

Im Alten Zoll'n
>Mühlenstr. 93–95, ☎ 0451/72395 – Beliebte Studentenkneipe, im Sommer auch auf der Straße

Kanzlei
>Hüxstr. 13, ☎ 0451/72721 – Gepflegte Biere und Speisen für Anspruchsvolle

Theaterquelle
>Fischergrube 24, ☎ 0451/77355 – Alte Künstlerkneipe direkt hinter dem Theater

Tschako
>Fünfhausen 5, ☎ 0451/73773 – Bier- und Kneipenrestaurant im Stil der zwanziger Jahre

Turnerschaftshaus
>An der Mauer 55a, ☎ 0451/74149 – Rustikal, zehn Biere vom Faß

Ubu
>Fischergrube 77, ☎ 0451/76115 – In Theaternähe, hier trifft man auch die Schauspieler nach der Vorstellung

Tips: Essen und Trinken in Travemünde

Bellavista
> Kaiserallee 1, ☎ 04502/71323 — Guter Italiener mit
> Sommerterrasse und italienischen Bands

Casino und Bistro im Casino
> Kaiserallee 2, ☎ 04502/8410, Fax: 04502/841102 —
> Noble Atmosphäre, feine Küche, deutsch und interna-
> tional, Kaffeeterrasse

Gorch Fock
> Kaiserallee 2b, ☎ 04502/71711 — Grill- und Fischspe-
> zialitäten in maritimer Umgebung

Hermannshöhe
> Am Brodtener Steilufer, ☎ 04502/73021, Fax:
> 04502/75190 — Ausflugslokal am Steilufer, Kaffee und
> Kuchen, holsteinische Küche

Lord Nelson
> Möwengasse, ☎ 04502/6369, Fax: 04502/4463 —
> Maritime Ausstattung und vielerlei Fisch

Olympus
> Kurgartenstr. 52, ☎ 04502/6116 — Der Grieche in
> Travemünde, nicht der billigste, aber gut

Parkrestaurant
> Parkallee 3, ☎ 04502/5433 — Gutbürgerliche Küche,
> bekannt auch für Fischgerichte

Pub im Maritim
> Trelleborgallee 2, ☎ 04502/890, Fax: 04502/74439 —
> Gepflegte Bierbar im Hotel Maritim

Über den Wolken
> Trelleborgallee 2, ☎ 04502/890, Fax: 04502/74439 —
> Leichte neue deutsche Küche, hervorragender Service,
> einzigartiger Blick aus dem 35. Stock über die Ostsee

Informationen von A bis Z

AUSKÜNFTE

Neben dem städtischen Amt für Lübeck-Werbung und Tourismus und seinen Touristbüros gibt es den privat organisierten
Lübecker Verkehrsverein, der eigene Büros unterhält.

Amt für Lübeck-Werbung und Tourismus
Beckergrube 95, 23552 Lübeck, ☎ 0451/1228100, Fax:
0451/1228190
Touristbüro
Beckergrube 95, ☎ 0451/1228109
Touristbüro
am Markt, ☎ 0451/1228106

Lübecker Verkehrsverein
Postfach 1205, 23502 Lübeck, ☎ 0451/72300, Fax:
0451/704890
Touristbüro im Hauptbahnhof
☎ 0451/864675
Touristbüro Holstentor-Passage,
☎ 0451/7060113

Kurverwaltung Travemünde
Strandpromenade 1b, 23570 Lübeck-Travemünde,
Gästebetreuung ☎ 04502/80430; Ferienwohnungen
☎ 04502/80434; Strandbadzentrum ☎ 04502/80442;
Veranstaltungen ☎ 04502/80435, Fax: 04502/80464

BOOTSVERMIETUNG

Paddel-, Ruder-, Tret-, Motorboote
R. Hübner, An der Moltkebrücke, ☎ 0451/69626

Tret-Prop
> W. Birenheide, Roggenhorster Str. 25−27,
> ☎ 0451/894090

BAHN

Reiseauskunft im Hauptbahnhof
> ☎ 0451/19419

BÜCHEREI

Stadtbibliothek
> Hundestr. 5−17, ☎ 0451/1224114, geöffnet montags bis
> freitags 10−19, sonnabends 9−13 Uhr

CAMPINGPLÄTZE

In Lübeck
Schönböcken
> Steinrader Damm, 23556 Lübeck, ☎ 0451/893090

In Travemünde
Zeltplatz der Kurverwaltung
> Priwall, Haus des Kurgastes, ☎ 04502/80452
Howold
> Priwall, ☎ 04502/2234
Katt
> Priwall, ☎ 04502/2835
Grüner Jäger
> Ivendorfer Landstr. 40, ☎ 04502/2667

CASINO

Casino Travemünde
   Kaiserallee 2 (Roulette, Black-Jack, Quick-Table, Automaten), ☎ 04502/8410, Fax: 04502/841102

DISKOTHEKEN

Abaco
   Daimlerstr. 2, 23617 Stockelsdorf, ☎ 0451/4992611
Body & Soul
   Wahmstr. 28, 23552 Lübeck
Galaxis
   Falkenstr. 45, 23564 Lübeck

FÄHRLINIEN

Finnjet-Silja Line GmbH (Travemünde–Helsinki)
   Buchungszentrale Zeißstr. 6, 23560 Lübeck,
   ☎ 0451/5899222, Fax: 0451/5899203; Schalter Skandinavienkai ☎ 04502/86080, Fax: 04502/3286
Poseidon Schiffahrt (Lübeck–Helsinki)
   Große Altefähre 20–22, 23552 Lübeck,
   ☎ 0451/150743, Fax: 0451/150744
Seetouristik GmbH (Ausflugsfahrten)
   Travemünde/Ostpreußenkai, Vorderreihe 40a,
   ☎ 04502/6411, Fax: 04502/2660
Skandinavien-Link GmbH (Lübeck–Malmö)
   Skandinavienkai, ☎ 04502/8050, Fax: 04502/2560
Tallink-Linie (Travemünde–Tallinn)
   Skandinavienkai, ☎ 04502/3601, Fax: 04502/2554
TT-Linie (Travemünde–Trelleborg)
   Skandinavienkai, ☎ 04502/80182, Fax: 04502/5983

FAHRRADVERLEIH

Bahn
       Hauptbahnhof 13, ☎ 0451/8841
Breitsch
       Travemünde, Kurgartenstr. 133, ☎ 04502/6622
Bruders
       Priwall, Mecklenburger Landstr. 14, ☎ 04502/5340
Leihcycle
       Schwartauer Allee 39, ☎ 0451/42660

FLUGHAFEN

Lübeck-Blankensee, ☎ 0451/55055, Fax: 0451/53789

FUNDBÜROS

Allgemeines
       Dr.-Julius-Leber-Str. 46−48, ☎ 0451/1223256
Städtische Verkehrsbetriebe
       Roeckstr. 49a, ☎ 0451/8882711

FILMTHEATER

Capitol
       Breite Str. 5, ☎ 0451/7030120
Filmpalast Stadthalle
       Mühlenbrücke 9, ☎ 0451/7030100
Hoffnung
       Hüxtertorallee 23a, ☎ 0451/7030140
Moderne Zeiten
       Königstr. 38, ☎ 0451/7030130
Zentraler Vorverkauf für obige Kinos: ☎ 0451/70300

Kommunales Kino
Mengstr. 35, ☎ 0451/1225742

GALERIEN

Bilderhaus Bornemann
Aegidienstr. 35, ☎ 0451/73076
Koch-Westenhoff
Hüxstr. 29, ☎ 0451/72808
Kunsthaus Lübeck
Königstr. 20, ☎ 0451/75700
Künstlerzentrum
Engelswisch 65, ☎ 0451/72827
Metta Linde
Dr.-Julius-Leber-Str. 49, ☎ 0451/78851
Thilo Steiger
Dankwartsgrube 39, ☎ 0451/7060186

GOLF

Lübeck-Travemünder Golfclub
Am Kowitzberg, ☎ 04502/74018

HOCHSEEANGELN AB TRAVEMÜNDE

Anna Hübner
Neuer Schlag 17, ☎ 04502/6636
Harry Koesling
Teutendorfer Weg 2c, ☎ 04502/2411
Heinz Kirsch
Teutendorfer Weg 3, ☎ 04502/3594
Karl Tuchtenhagen
Mecklenburger Landstr. 54, ☎ 04502/2608

JAZZ

Jazzclub Dr. Jazz
      An der Untertrave 1, ☎ 0451/705909

KIRCHEN IN DER ALTSTADT

Dom
      Domkirchhof: geöffnet täglich 10−17 Uhr, im Winter
      bis 15 Uhr, Gottesdienste: Sonnabend 18, Sonntag
      10.40 Uhr

St. Aegidien
      Aegidienstraße: geöffnet 10.30−12 und 14−15 Uhr,
      außer sonntags und montags, Gottesdienste: Sonnabend
      18, Sonntag 10 Uhr

St. Jakobi
      Jakobikirchhof: geöffnet 10−15 Uhr, außer montags,
      Gottesdienste: Sonnabend 17, Sonntag 9.40 Uhr

St. Marien
      Marienkirchhof: geöffnet täglich 9−17, im Winter bis 15
      Uhr, Gottesdienste: Freitag 18.15, Sonntag 10 Uhr, Mai
      bis Oktober 12 Uhr Mittagsandacht mit Orgelmusik

St. Petri
      Petrikirchhof: geöffnet täglich 11−16 Uhr, Petri-Aus-
      sichtsturm April bis Oktober täglich 9−18 Uhr

Museumskirche St. Katharinen
      Königstraße: geöffnet April bis September 10−13 und
      14−17 Uhr, außer montags

Katholische Herz-Jesu-Kirche
      Parade 4: geöffnet täglich 8−19 Uhr, Gottesdienste:
      Sonntag 10 und 19 Uhr, Montag bis Sonnabend 18.15
      Uhr Andacht

Fischerkirche St. Lorenz/Travemünde
      An der Kirche, geöffnet April bis Oktober täglich
      10−16 Uhr

KIRCHENVERWALTUNGEN

Evang.-luth. Kirchenkreis
Bäckerstr. 3–5, 23564 Lübeck, ☎ 0451/790201, Fax:
0451/7902228
Röm.-kath. Kirche
Parade 4, 23552 Lübeck, ☎ 0451/75676

KUTSCHFAHRTEN

Parkhotel
Godewind 7, Lübeck-Travemünde, ☎ 04502/74220

KUTTERFAHRTEN

Hille und Peter Witt
Fischerweg 3, 23568 Gothmund, ☎ 0451/391088

MITFAHRZENTRALE

Werkhof
Kanalstr. 70, ☎ 0451/71074

MINIGOLF

Wallanlagen
☎ 0451/74433
Lübeck-Eichholz
Brandenbaumer Landstraße/Ecke Behaimring,
☎ 0451/606465
Gegenüber dem Kurhaus-Hotel in Travemünde
Am Passathafen auf dem Priwall

MUSEEN

Verwaltung: Museum für Kunst und Kulturgeschichte
Düvekenstr. 21, 23552 Lübeck, ☎ 0451/1224134, Fax:
0451/1224183

St.-Annen-Museum
St.-Annen-Str. 15, ☎ 0451/1224134, geöffnet täglich
10−17 Uhr, Oktober bis März 10−16 Uhr, außer montags

Buddenbrookhaus
Mengstr. 4 (Heinrich-und-Thomas-Mann-Zentrum),
☎ 0451/1224192, geöffnet täglich 10−17 Uhr

Geschichtswerkstatt Herrenwyk
Kokerstr. 3, ☎ 0451/301152, Öffnungszeiten variieren,
telefonisch erfragen

Heiligen-Geist-Hospital
Koberg, ☎ 0451/1222040, Öffnungszeiten: siehe St.-
Annen-Museum

Museum Behnhaus mit Drägerhaus
Königstr. 9−11, ☎ 0451/1224148, Öffnungszeiten: siehe
St.-Annen-Museum

Museum Burgkloster
Hinter der Burg, ☎ 0451/705118, Fax: 0451/1224198,
geöffnet täglich 10−16 Uhr, außer montags

Museum für Figurentheater
Kl. Petersgrube 4, ☎ 0451/78626, geöffnet täglich
10−18 Uhr, im Sommer bis 22 Uhr

Museum Holstentor
☎ 0451/1224129, Öffnungszeiten: siehe St.-Annen-
Museum

Museumskirche St. Katharinen
siehe Kirchen

Naturhistorisches Museum
Mühlendamm 1−3, Tel. ☎ 0451/1224122, Öffnungszeiten: siehe St.-Annen-Museum

Overbeck-Gesellschaft
> Behnhausgarten, Königstr. 11, ☎ 0451/74760, geöffnet
> täglich 10−16 Uhr, außer montags

Völkerkundesammlungen
> Parade 10, ☎ 0451/1224342, Öffnungszeiten: siehe St.-
> Annen-Museum

MUSEUMSSCHIFFE

Eisbrecher Stettin
> Lübeck-Travemünde, Kaiserbrücke, ☎ 040/3906969

Feuerschiff Fehmarnbelt
> Nähe Holstentor, Besichtigung und Buchung des Kapi-
> tänssalons über ☎ 0451/3001301

Mississippi
> Untertrave/Am Holstentor, ☎ 0451/78622 (Private
> Überseesammlung des Kapitäns)

Viermastbark Passat
> Travemünde, Passathafen, geöffnet April bis September
> 11−16.30 Uhr, übrige Zeit nach Voranmeldung über das
> Sportamt, ☎ 0451/1225202

ÖFFENTLICHER NAHVERKEHR

Busse und Bahnen der Tarifgemeinschaft Lübeck (Stadtwerke,
Bahn AG, Lübeck-Travemünder Verkehrsgesellschaft) können
zum einheitlichen Tarif genutzt werden. Auskunft am ZOB
vor dem Hauptbahnhof oder über Info-Telefon der Stadtwerke: ☎ 0451/8882828

RATHAUS

Besichtigungen werktags 11, 12, 15 Uhr

SAUNA

Aqua Top
> Travemünde, Strandpromenade 1b, ☎ 04502/80444

Senator Hotel
> Willy-Brandt-Allee, ☎ 0451/1422950

Sportschwimmhalle St. Lorenz
> Ziegelstr. 152, ☎ 0451/474422

Waldsauna Müggenbusch
> Müggenbuschweg 8, ☎ 0451/501005

SCHIFFSFAHRTEN

Hafenrundfahrten
Anleger Obertrave und Wallhalbinsel
> Quandt-Linie, ☎ 0451/77799; Dauer etwa eine Stunde,
> auch Wakenitzfahrten und Travemünde−Dassow/
> Mecklenburg

Anleger Untertrave/Holstentor
> Maak-Linie, ☎ 0451/7063859

Lübeck−Travemünde
Kufra Schiffahrtslinien
> ☎ 0451/26561, ab/an Lübeck/Drehbrücke bzw. Trave-
> münde/Vorderreihe

Oldtimer-Segler und Charterfahrten
> Vermittlung durch Lübecker Verkehrsverein, Postf.
> 1205, 23502 Lübeck, ☎ 0451/72300, Fax: 0451/704890

Wakenitzfahrten
Anleger Lübeck/Moltkebrücke bis Rothenhusen
mit Anschluß nach Ratzeburg
> Fa. Reinhold Maiworm ☎ 0451/35455
> Quandt-Linie, ☎ 0451/77799. Dauer: einfache Fahrt
> 95 Min., Hin- u. Rückfahrt 3 1/2 Std., Teilstrecken

möglich (Zwischenhalte Müggenbusch und Absalons-
horst, jeweils mit Restauration beim Anleger), April
bis Oktober, Schiffe können gechartert werden

SCHWIMMEN

Erlebnisbad Aqua Top
      Lübeck-Travemünde, Strandpromenade 1b,
      ☎ 04502/80442
Schwimmhalle Kücknitz
      Flenderstr. 87a, ☎ 0451/302122
Schwimmhalle St. Lorenz
      Ziegelstr. 152, ☎ 0451/474422
Zentralbad
      Schmiedestr. 1, ☎ 0451/73038

STADTFÜHRUNGEN

In zehn Sprachen durch den Verkehrsverein oder das Amt für
Lübeck-Werbung. Öffentliche Führungen 11 und 14 Uhr ab
Touristbüro am Markt, in der Saison häufiger bzw. nach
Bedarf

TANZLOKALE

Hanseaten-Diele
      Königstr. 25, ☎ 0451/73834
Romantica
      Bei der Lohmühle 96, ☎ 0451/45456
Schlutuper Tannen
      Speckmoorstr. 9, ☎ 0451/69530

TAXEN

Funk-Taxen, ☎ 0451/81122
Ossi-Taxi, ☎ 0451/81111
Behindertentaxi, ☎ 0451/81121

THEATER

Bühnen Lübeck/Stadttheater

> Zur Zeit wegen Sanierung nicht im eigenen Haus, sondern Dr.-Julius-Leber-Str. 23, ☎ 0451/74552, 0451/76772, Fax: 0451/1224277, Kassenstunden: dienstags bis freitags 10−13 und 16−18 Uhr, sonnabends 10−13 Uhr, Abendkasse: 30 Minuten vor Vorstellungsbeginn

Spielstätten

> Bullenstall, Bei der Lohmühle 11a
> Holstentorhalle, Beim Holstentor
> Musik- und Kongreßhalle, Willy-Brandt-Allee 10
> Petrikirche: Am Markt
> Theaterhaus, Julius-Leber-Str. 23

Privattheater

Theater Combinale

> Hüxstr. 115, ☎ 0451/78817

Marionettentheater

> Im Kolk 20−22, ☎ 0451/70060

TIERPARK LÜBECK

Waldstr. 2, 23568 Lübeck-Israelsdorf, ☎ 0451/393105, geöffnet täglich 9−19 Uhr, November bis März 10−16 Uhr

Register